CITY GUIDE

BARCELONA

Die schönsten Stadtrundgänge

D1720963

compact verlag

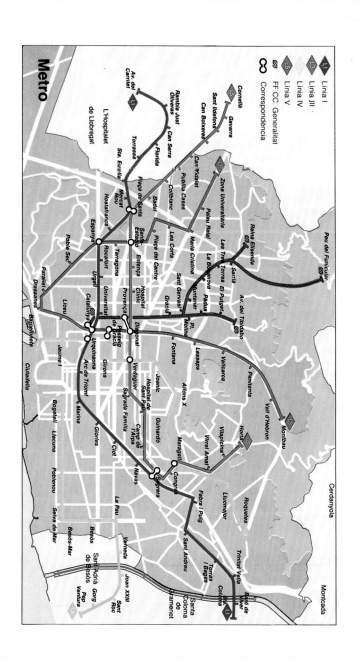

INHALT

Titelbild: Blick auf die Kolumbussäule (Gunda Amberg)

Im Compact Verlag sind zum Thema „Spanien" folgende Bände erschienen:

Compact Minireiseführer:
    „Barcelona von A–Z"
    „Madrid von A–Z"

City Guide: „Madrid"

© Compact Verlag München
Ausgabe 1993/94
Redaktion: Annette Nolden-Thommen
Umschlaggestaltung: Art Service Rau, Köln
Karten: Christoph Weber
Symbole und Vignetten: Julia-Maria von Kienlin
Gestaltung der Rundgänge: Cecilia Dreimüller
Text: Tatjana Alisch
Fotosatz: E. Mocker, Eichenau b. München
ISBN 3-8174-4320-X
4343201

Bildnachweis:
Everts/IFA-Bilderteam (S. 21); Roland Gössnitzer (S. 25, 32); Graf/IFA-Bilderteam (S. 40); Gumm/White Star (S. 16, 34, 37, 43, 58, 59, 61); Kanzler/IFA Bilderteam (S. 29); Holger Pakullat (S. 19, 22, 35, 47, 52, 55)
Welsh/IFA-Bilderteam (S. 27).

Alle Angaben wurden vor Ort sorgfältig recherchiert und mehrfach überprüft. Für Änderungen oder Abweichungen wird keinerlei Haftung übernommen.

BENUTZERINFORMATION

Mit dem CITY GUIDE unterwegs – das heißt mehr sehen, mehr kennenlernen, mehr entdecken.
Jeder der drei sorgfältig ausgewählten Rundgänge ist eigenständig, kann aber auch individuell abgekürzt werden. Damit steht ein Programm vom einstündigen Kurzbesuch der interessantesten Sehenswürdigkeiten bis hin zum Komplett-Sightseeing zur Verfügung.
Doppelseitige Stadtteilpläne zeigen jeden Rundgang mit den wichtigsten Stationen auf einen Blick. Der farbig eingezeichnete Routenverlauf informiert klar und deutlich über Ort, Ausdehnung, Art und Dauer der Route. Eine in die Karte eingeblendete Kurzcharakteristik bietet schon vorab eine Zusammenstellung der wichtigsten Sehenswürdigkeiten.
Ausgetüftelte, von Agfa speziell erarbeitete Foto- und Standorttips sorgen für mehr Freude und Erfolg beim Fotografieren.
Übersichtliche, einprägsame Symbole neben dem Stichwort oder bei den Kurzangaben in der Randspalte verhelfen zum schnellen Überblick und signalisieren, worum es sich handelt:

Bars, Cafés und Restaurants

Fotomotive, Standorte und Tips

Sehenswürdigkeiten

Kunst und Kultur

Freizeit- und Familienattraktionen

Einkaufsmöglichkeiten

Insider-Tips

Öffnungszeiten und Zusatzinformationen

5

Das Geschick kaum einer anderen Stadt ist so eng mit dem einer Region verbunden wie das Barcelonas. So ist die Geschichte Barcelonas zugleich auch die Kataloniens.

Schon im 7. Jh. v. Chr. standen die im Gebiet des heutigen Katalonien ansässigen Iberer in **Handelsbeziehungen** mit den in Karthago ansässigen Phönikern. Allmählich gewannen jene immer mehr das Übergewicht, bis sie 200 v. Chr. im 2. Punischen Krieg ihr Gebiet an die Römer verloren. 133 v. Chr. entstand dann im heutigen Stadtgebiet **die römische Siedlung Barcino** in der Provinz Hispania Tarraconensis. 415 n. Chr. wurde die nun mittelgroße Hafenstadt im Zuge der Völkerwanderung von den Westgoten erobert. 300 Jahre später nahmen die Mauren die gesamte iberische Halbinsel ein, denen erst Karl Martell 732 in der Schlacht von Tours und Poitiers Einhalt gebot. So wurde das Frankenreich vor der mohammedanischen Eroberung gesichert. Aber erst 801 gelang es schließlich **Ludwig dem Frommen,** einen Teil Spaniens, darunter auch Barcelona, von den Arabern zurückzugewinnen und unter fränkische Herrschaft zu stellen. Zum Schutz seines Reiches errichtete **Karl der Große** bereits 778 **die „Spanische Mark"** des Frankenreiches und machte nach seiner Eroberung 803 Barcelona zur Hauptstadt.

Nach der **Zerstörung der Stadt 985** durch einen erneuten Angriff der Mauren gewann Katalonien unter der Herrschaft des Hauses Ramón Berenguer wieder zunehmend an Bedeutung. Ihre **Unabhängigkeit von Franken und Karolingern** wuchs ständig. 1137 wurde mit der Heirat von **Ramón Berenguer IV.** und **Petronela von Aragón** die Dynastie der „Könige von Aragón und Fürsten von Barcelona" gegründet. Durch die Vereinigung mit Aragonien erlebte die Stadt bis ins 15. Jh. ihre **größte Blütezeit.** 1283 erhielt Barcelona erstmals eine Verfassung mit demokratischen Zügen. Ihre ausführenden Organe bestanden aus Stadtparlament (Rat der Hundert) und Meereskonsulat. Die Handelsgesetze wurden die Grundlage des internationalen Seerechts im gesamten Mittelmeerraum. Die Wirtschaft blühte

Handelsbeziehung mit Phönikern

Barcino

Ludwig der Fromme

Karl der Große 778

Zerstörung der Stadt

Unabhängigkeit

auf, und Barcelona wurde zu einer der reichsten Handelsstädte des Mittelalters. Die **Eroberungen** von Barcelona reichten zeitweise bis nach Palästina und Griechenland. Das Stadtgebiet mußte zweimal erweitert werden, eine Fülle bedeutender Bauwerke entstand. Eine **erste Volkszählung** 1365 ergab 34 384 Einwohner. Die Pestepedemie am Ende des 14. Jhs. war mit ihren 10 000 Toten ein Grund dafür, daß die Bevölkerungszahl bis Ende des 17. Jhs. stabil blieb. *(Eroberungen)*

(Erste Volkszählung 1365)

Mit der Heirat der Katholischen Könige Isabella von Kastilien und Ferdinand II. von Aragón und der Gründung des Königreichs Spanien verlor Barcelona 1474 seine Stellung als Hauptstadt und wurde zu einer **Residenzstadt** unter mehreren. Noch war die Stadt Schauplatz des großartigen Empfangs für Kolumbus nach seiner ersten Amerikareise; sie wurde jedoch später **vom Amerikahandel ausgeschlossen.** *(Residenzstadt 1474)*

(Ausschluß von Amerikahandel)

Verschiedene Versuche Barcelonas, wieder völlige Unabhängigkeit zu erlangen, schlugen fehl. 1714 eroberten die Bourbonen die Stadt und nahmen ihr und Katalonien sämtliche Privilegien. Erst 1778 begann der Wiederaufschwung Barcelonas mit seiner erneuten **Zulassung zum Amerikahandel.** 1859 wurde die neue **Stadterweiterung,** der Eixample, nach dem Plan Cerdá in Angriff genommen. Die katalanische Arbeiterunion und der Diari Catalá, die erste Tageszeitung in katalanischer Sprache, wurden ins Leben gerufen. 1888 und 1929 war Barcelona **Schauplatz der Weltausstellung.** Mit Gaudí, Picasso u. v. a. wirkten hier Künstler von Weltruhm. *(Zulassung zum Amerikahandel 1778)*

(Stadterweiterung 1859)

Die zeitweise Unabhängigkeit Kataloniens während der 2. Spanischen Republik, in der Barcelona auch **Sitz der Volksfront** war, wurde am 26.1.1939 durch den **Sieg der Nationalisten** im 1936 ausgebrochenen Spanischen Bürgerkrieg unter Franco beendet.

Erst seit dem Tode Francos 1975 konnte sich die Stadt mit einer **demokratischen Regierung** wieder eigenständig entfalten. 1980 wurde **das erste katalanische Parlament** gewählt. Ein weiterer Höhepunkt in der Geschichte Barcelonas waren 1992 die **XXV. Olympischen Sommerspiele.** *(Demokratische Regierung seit 1975)*

(XXV. Olympische Sommerspiele 1992)

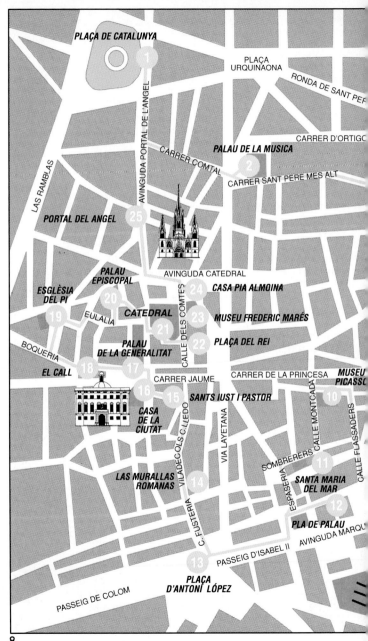

PLAÇA DE CATALUNYA

PLAÇA URQUINAONA

RONDA DE SANT PER

CARRER D'ORTIGO

PALAU DE LA MUSICA

CARRER COMTAL

CARRER SANT PERE MES ALT

AVINGUDA PORTAL DE L'ANGEL

LAS RAMBLAS

PORTAL DEL ANGEL

PALAU EPISCOPAL

AVINGUDA CATEDRAL

CASA PIA ALMOINA

ESGLÈSIA DEL PI

EULALIA

CATEDRAL

MUSEU FREDERIC MARÉS

CALLE DELS COMTES

BOQUERIA

PALAU DE LA GENERALITAT

PLAÇA DEL REI

EL CALL

CARRER JAUME

CARRER DE LA PRINCESA

MUSEU PICASSO

CASA DE LA CIUTAT

SANTS IUST I PASTOR

C. LLEDO

VILADECOLS

VIA LAYETANA

CALLE MONTCADA

CALLE FLASSADERS

LAS MURALLAS ROMANAS

SOMBRERERS

ESPASERIA

SANTA MARIA DEL MAR

C. FUSTERIA

PLA DE PALAU

PASSEIG D'ISABEL II

AVINGUDA MARQU

PLAÇA D'ANTONI LÓPEZ

PASSEIG DE COLOM

CARRER D'AUSIAS MARC

PASSEIG DE LLUIS COMPANYS

CARRER D'ALIBEI

SANT PERE DE LES PUELLES

ARC DE TRIOMF

PASSEIG DE LLUIS COMPANYS

CARRER DEL COMERÇ

1. Rundgang: Altstadt
Plaça de Catalunya - Arc de Triomf - Parc de la Ciutadella - Sta. Maria del Mar - Catedral - Portal del Angel

Der erste Rundgang von gut drei Stunden Dauer führt, mit kleinen Abstechern in die Peripherie, in das Herz Barcelonas. In umgekehrter chronologischer Abfolge erwandert man sich die mehr als 2000 - jährige Geschichte der Stadt: vom modernen Bankenviertel über die Zeugen der Weltausstellung zu den Aristokratenpalästen der Renaissance und Gotik, zu den römischen Baudenkmälern der Kaiserzeit. Wer in Eile ist, kann vom Palau de la Música über die Via Layetana direkt zum Picassomuseum gehen.

CARRER DE BUENAVENTURA MUNOZ

PASSEIG DE PUJADES

MUSEU ZOOLOGICA

PASSEIG DE PICASSO

MERCAT BORN

MUSEU GEOLOGICO

PARC DE LA CIUTADELLA

CARRER DE WELLINGTON

MUSEU D'ART MODERN

E L'ARGENTERA

PASSEIG CIRCUMVALLACIÓ

N

0   50   100   150 m

1 : 8200

9

👁 PLAÇA DE CATALUNYA 1

ℹ Der Ausgangspunkt ist erreichbar mit zahlreichen Buslinien, U-Bahnlinie 1 und 3.

📷 Von der Dachterrasse des Kaufhauses El Corte Inglés lohnt sich die Aufnahme des Platzes, der besonders bei abendlicher Beleuchtung einen reizvollen Eindruck beschert.

Im Herzen Barcelonas, direkt an der Grenze zwischen Altstadt und den Stadterweiterungen des vergangenen Jahrhunderts, liegt die Plaça de Catalunya. Die zentrale Bedeutung des Platzes, der erst vor etwa 150 Jahren bebaut wurde, zeigt sich im besonderen an der Zahl der **Großbanken,** die hier ihren Sitz haben. Sieben der wichtigsten Straßen münden hier. Zugleich befinden sich zentrale Bus- und Metrostationen an der Plaça de Catalunya.

Ihr heutiges Aussehen bekam die ca. 50 ha große Plaça in den beiden ersten Jahrzehnten dieses Jahrhunderts, nachdem 1902 der damalige Oberbürgermeister Ledesma die vorher willkürlich entstandenen Bauten hatte entfernen lassen. Francesc Nebot wurde mit der Neuanlage beauftragt, die König Alfonso XII. 1927 eröffnete. In ihrer Mitte befindet sich ein großer **Stern,** der die geographische Mitte Barcelonas anzeigt; ringsherum gibt es **Grünanlagen,** Wasserbecken und Skulpturen. Unter diesen sind die „Göttin" des katalanischen

Lotterieverkäufer auf der Plaça de Catalunya

Bildhauers Josep Clará und der „Flöte spielende Hirte" des Bildhauers Pablo Gargallo besonders sehenswert. An der Südseite des Platzes liegt das renommierteste **Kino** Barcelonas, das Cine Vergara, das vorwiegend ausländische Filme im Original zeigt.

PALAU DE LA MÚSICA CATALANA 2

Der Musikpalast ist einer der herausragendsten Beiträge des katalanischen Architekten Lluís Domènech i Montaner zum spanischen Modernismo, der die mittelalterliche Gotik mit maurischen Einflüssen verbindet.

Das Gebäude entstand 1905–08 als Sitz des auch heute noch berühmten Barceloneser Chores Orfeo Catalá. Eingeweiht wurde der „Palau", der neben dem Gran Teatre del Liceu ein weiteres wichtiges Musikzentrum von Barcelona ist, von den Berliner Philharmonikern. Schon von außen ist die Funktion des Gebäudes erkennbar. Die **Fassaden** sind u. a. mit Büsten von Wagner, Beethoven und Bach geschmückt, die von kunstvoll verzierten Säulen getragen werden. Die **Buntglasfenster** und mosaikverzierten **Dachkuppeln** lohnen eine genaue Betrachtung ebenso wie das große **Mosaik** der Muse von Lluís Bru. Dieser Künstler gestaltete auch die **Säule,** die den Haupteingang in zwei Rundbögen teilt. Doch ist der Schmuck der Fassade im Vergleich mit der Ausgestaltung des Gebäudeinneren gering. Durch eine einfach konstruierte Halle und über einen Treppenaufgang mit mächtigen Kandelabern gelangt man in einen weiten **Konzertsaal,** dessen Bühne einer Apsis gleicht. Durch ein großes Oberlicht aus buntem Glas und hohe Fenster fällt das Licht in ein Oval mit zwei Zuschauergalerien. Das Oval ist mit zahlreichen Skulpturen in einer fantasievollen Vielfalt von Motiven ausgeschmückt. Die verschiedenen Motive reichen von dekorativem Blätterwerk über Wagners Walküren bis zu Statuen des Pegasus.

Palau de la Música Catalana, Amadeus Vives 1, Tel. 301 11 04.

SANT PERE DE LES PUELLES 3

Machen Sie einen Schaufensterbummel in den Gäßchen, hier werden die Trends der nächsten Saison gezeigt.

Die dem hl. Petrus geweihte Kirche, die auf der Nordseite des gleichnamigen Platzes errichtet ist, steht an derselben Stelle, an der im Jahr 801 der Frankenkönig Ludwig der Fromme zu Ehren des hl. Saturnius eine Kapelle erbauen ließ. Der Grund hierfür war die Befreiung Barcelonas von den Mauren. Etwa ein Jahrhundert später wurde hier von den Benediktinern ein Kloster gegründet, das jedoch bereits 986 wieder zerstört wurde. Nachdem die kreuzförmige Kirche mit ihrem romanischen Kreuzgang wieder aufgebaut war, erhielt sie im 14. Jh. ein gotisches Gewölbe und im 15. Jh. einen gotischen Chorabschluß. Durch erneute Umbauten im 19. Jh. wurde der größte Teil des Bauwerks in andere Klöster und in das **Museo de Arte Cataluna** gebracht. Lediglich das **gotische Portal** aus dem 15. Jh. ist heute noch nach den Renovierungsarbeiten von 1911 von dem mittelalterlichen Bau original erhalten geblieben.

ARC DE TRIOMF 4

Der Eindruck der großartigen Gebäudekulisse entlang des Paseo Lluis Companys läßt sich am besten im Weitwinkelbereich festhalten.

Anläßlich der ersten Weltausstellung in Barcelona, die 1888 auf dem Gelände des **Ciutadela-Parks** stattfand, wurde von dem katalanischen Architekten Josep Vilaseca i Casanovas der **Triumphbogen** als Nordeingang des Messegeländes errichtet. Das gewaltige, über 20 m hohe Bauwerk ist im Stil der spanischen Mudéjarkunst aus rotem Ziegelwerk erbaut. Die Türme sind durch acht kleine Kuppeln mit Krönchen geschmückt; die zwölf Engelsskulpturen, die sich an den Türmen befinden, schufen die Bildhauer Manuel Fuxá, Pere Carbonell und Jaume Fabre. Das große Relief auf der Eingangsseite stammt von dem Künstler Josep Reynés und zeigt die Stadt Barcelona beim Empfang ihrer Gäste. Auf der Rückseite des

Triumphbogens verarbeitete Josep Llimona die Verleihung von Auszeichnungen an Teilnehmer der Ausstellung künstlerisch. Die Seitenreliefs versinnbildlichen rechts Industrie und Handel und links Kunst und Wissenschaft.

MUSEU DE ZOOLOGIA 5

1888 erbaute der katalanische Architekt Lluis Doménech i Montaner für die Weltausstellung das Gebäude des heutigen Zoologischen Museums als Café-Restaurant für die Besucher der Messe. Der burgartige, zinnengekrönte **Ziegelbau** ist eines der ersten modernistischen Bauwerke Barcelonas, weist aber zugleich auch neugotische Züge auf. Sein volkstümlicher Name „Castell dels tres dragons" („Burg der drei Drachen") ist eine Anspielung auf die gleichnamige Komödie von Frederic Soler. Im Anschluß an die Weltausstellung diente das Gebäude zunächst als Keramik- und Schmiedewerkstatt, in der neue Arbeitsmethoden erforscht wurden, dann als städtisches Musikkonservatorium. Nach einer grundlegenden Umgestaltung fand hier das Zoologische Museum vor einigen Jahren seinen künftigen Sitz. Im Erdgeschoß werden vorwiegend wechselnde Ausstellungen veranstaltet, neben denen es ständige Sammlungen zu betrachten gibt wie eine Insekten-, Muschel- und Schneckensammlung, ein Mammut- und ein Walskelett. Im Obergeschoß sind u. a. Vogeleier, ausgestopfte oder in Spiritus gelegte Tiere zu sehen. Sämtliche Ausstellungsstücke werden auch für Forschung und Lehre verwendet.

Museu de Zoologia, Passeig Picasso, Tel. 3 19 69 50, geöffnet Di.–So. 8–14 Uhr, Mo. geschlossen.

MUSEU GEOLOGICO 6

Das Geologische Museum ist das älteste Museum Barcelonas. Heute ist das Museum dem **Naturwissenschaftlichen Institut** angeschlos-

ℹ Museu Geo-
logico,
Parc de la
Ciutadella,
Tel. 3 19 68 95,
geöffnet Di.–So.
9–14 Uhr, Mo. ge-
schlossen.

sen. Das langgestreckte, flache Gebäude wurde
1878 von dem Architekten Josep Fontseré erbaut.
Durch ein Portal mit vier Säulen und einem klassi-
schen Spitzgiebel gelangt man in die Eingangshalle des Museums. Die äußerst umfassende
Sammlung zeigt Mineralien aller Art, darunter
auch einen sehr großen Schatz an Edelsteinen
und Ausstellungsstücke, die deren Einsatz in Industrie und Technik demonstrieren. Die Steine
sind nach ihrem chemischen Aufbau geordnet.
Am Ende der Ausstellungsräume gelangt man zu
einem abgedunkelten Raum, in dem vor allem die
Wirkung von UV-Strahlen auf verschiedenes Ge-
stein gezeigt wird. Außerdem hat das Museum
eine Abteilung mit Fossilien aus dem Tier- und
Pflanzenreich, die bis zu 120 Millionen Jahre alt
sind. In der großen **Bibliothek** kann man u. a. in
die Standardwerke der Naturwissenschaft Ein-
sicht nehmen. Unmittelbar neben dem Geologi-
schen Museum befindet sich ein altes **Palmen-
haus** mit einer üppigen, exotischen Flora.

 PARC DE LA CIUTADELLA   7

ℹ Zitadel-
lenpark,
geöffnet im Som-
mer 7–21 Uhr, im
Winter 8–19 Uhr.

👪 Die Lieb-
lingsplätze
der Kinder im
Zitadellenpark:
Lokomotive,
Mammut und der
See zum Boot-
fahren sowie ein
Spielplatz.

Auf dem Gelände des Stadtparks fand 1888 die
erste **Weltausstellung** Barcelonas statt, für die
zur großen Freude der Bevölkerung die Zitadelle
der Stadt abgerissen wurde. Einige Gebäude aus
dieser Zeit sind hier auch heute noch zu sehen.
Die Parkanlage ist etwa 30 ha groß und die einzige weitläufige Grünanlage im Zentrum der
Stadt. Vor allem wegen ihrer schönen Gestaltung
mit Alleen, Blumenrabatten, Wasserbecken und
Skulpturen ist sie als Erholungsort sehr beliebt. In
den früheren Ausstellungsgebäuden befinden
sich nicht nur einige Museen, sondern auch etliche Ämter. Am östlichen Ende des Parks liegt der
Zoologische Garten. Er ist relativ klein, jedoch
so geschickt angelegt, daß eine überraschend
große Vielfalt von Arten hier einen Platz gefunden
hat. Zu den Attraktionen des Zoos zählen auch
ein Reptilienhaus und ein Delphinarium.

MUSEU D'ART MODERN 8

Das Museum für moderne Kunst befindet sich im ehemaligen Arsenal der Zitadelle aus dem 18. Jh. Später wurde das Arsenal in einen Stadtpalast umgewandelt, wo heute noch der Sitz des **Parlament de Catalunya** ist. Die Flügel, in denen das Museum untergebracht ist, stammen aus dem 19. und 20. Jh. 1891 wurde das Museum gegründet und ab 1902 in den Stadtpalast verlegt. Die Kunstwerke sind chronologisch geordnet und beginnen bereits mit Vertretern des Historismus und der Romantik. Aus der Epoche des Realismus sind hier u. a. Gemälde von Ramón Martí i Alsina, dem Begründer dieser Stilrichtung in Katalonien, zu sehen (,,La Siesta"). Interessant ist nicht nur die **Jugendstilabteilung** mit Möbeln, Bildern und Skulpturen, sondern auch die des Expressionismus und der Frühen Moderne. Das Museum zeigt neben Bildern und Graphiken von Pablo Picasso, Isidre Nonell i Monturiol, Salvador Dalí, Joan Miró u. v. a. auch Plastiken von Josep Llimona und Pablo Gargallo. In der **Graphiksammlung** im Obergeschoß finden sich zahlreiche Karikaturen im Stil der deutschen Satirezeitschrift ,,Simplicissimus".

Museu d'Art Modern, Parc de la Ciutadella, Pl. d'Armes, Tel. 3 19 57 28, geöffnet Di.–Sa. 9–19.30, So. und Feiert. 9–13.30, Mo. von 15–19 Uhr.

MERCAT DEL BORN 9

Mitten in dem Stadtteil Ribera mit seinen Bars, Restaurants und Kunstgalerien liegt die große Stahlkonstruktion des Mercat del Born. Sie ist eine der bekanntesten Ingenieursbauten Spaniens aus dem 19. Jh.
Die **Markthalle** wurde 1873–76 von dem Architekten Fontseré i Mestres errichtet, nachdem an dieser Stelle schon seit dem 13. Jh. Messen stattgefunden hatten. Vor allem Glas- und Zinnwaren wurden hier früher verkauft. An diese Zeiten erinnern heute noch die zahlreichen kleinen Zinn- und Glasgeschäfte in den umliegenden Gassen.

Der Mercat del Born ist eine interessante Stahlkonstruktion. Fotografieren Sie mit Tele, um die feinen Details zu erfassen.

Erst vor wenigen Jahren sollte die alte Markthalle abgerissen werden, doch entschloß man sich im letzten Moment dazu, sie lieber in ein modernes **Kultur- und Ausstellungszentrum** zu verwandeln. Seitdem finden hier regelmäßig Fiestas, politische Versammlungen und jeweils im März die renommierte Antiquitätenmesse statt.

 MUSEU PICASSO 10

 Museu Picasso, Montcada 15–19, geöffnet Di.–Sa. 10–20, So. 10–15 Uhr, Mo. geschlossen. Mit Restaurant – Cafeteria und Bücherei, geöffnet 9–14 Uhr.

Der Palast Berenguer de Aguilar aus dem 15. Jh. ist eines der schönsten gotischen **Adelshäuser** der Stadt. In diesem sorgfältig restaurierten Gebäude und in den beiden benachbarten **Palästen** wurde 1960 das Picasso-Museum eingerichtet. Die ungemein vielfältige Sammlung ist chronologisch geordnet und zeigt mit mehreren Tausend Ausstellungsstücken Werke aus allen Schaffensperioden des Künstlers (1881–1973); dazu gehören Gemälde, Zeichnungen und Graphiken ebenso wie Buchillustrationen oder Keramiken. Besonders ausführlich ist das Frühwerk Picassos, über-

Fotografie mit Picasso im Museu Picasso

wiegend aus den Jahren 1890–1904, dokumentiert. Er selbst nämlich hat dem Museum diese Arbeiten geschenkt. Aber auch spätere Werke sind vertreten: aus seiner ersten Pariser Zeit „Margot", aus der Blauen Periode mit ihren düsteren Themen „Desemparats" oder das „Karge Mahl", daneben auch zahlreiche Zirkusszenen aus der Rosanen Periode. Ein kubistisches Werk hingegen ist „Der Kopf" von 1931. Aus Picassos klassizistischer Zeit stammt der „Harlekin". Die 30er und 40er Jahre sind durch die graphische Serie „Minotauromachie" vertreten. Zum größten Schatz des Museums zählt jedoch „Las Meninas" aus dem Jahre 1957, das auf den von Picasso bewunderten Maler Diego Velázques zurückgeht.

SANTA MARÍA DEL MAR 11

Neben der Kathedrale ist Santa María del Mar die wichtigste Kirche der Stadt. An der gleichen Stelle hatte sich früher eine spätrömische Totenstadt – angeblich mit den Gebeinen der Heiligen Eulalia – und seit dem 10. Jh. eine Pfarrkirche befunden. 1329 wurde dann unter Alfons IV., dem Gütigen, mit dem Bau der schlichten, aber mächtigen gotischen Kirche Santa Maria del Mar begonnen. In weniger als 50 Jahren entstand nun nach den Plänen des Architekten Berenguer de Montagut eine dreischiffige Hallenkirche ohne Querhaus. Aufgrund dieser kurzen Baudauer ist sie stilistisch sehr rein und einheitlich. Die beiden **Türme** wurden allerdings erst 1496 und 1902 ergänzt. Das Figurenwerk an dem Nordportal sowie das darüber befindliche Rosettenfenster stammen aus dem 15. Jh. Das Innere der Kirche ist durch große, schmucklose Mauerflächen geprägt, wodurch die bedeutenden **Glasfenster** der Seitenschiffe umso besser zur Geltung kommen. Hervorzuheben sind unter diesen Glasfenstern vor allem das „Jüngste Gericht" von S. Desmanes (1454), das „Heilige Abendmahl" von Isidro

Julia (1667) und die „Himmelfahrt Christi" in der **Marienkapelle.** Bemerkenswert sind auch die mächtigen, achteckigen Säulen im Inneren der Kirche, die jeweils 12 m auseinander stehen, eine Entfernung, die in der Gotik einmalig ist.
Eine weitere Sehenswürdigkeit ist das Grab von Pedro de Portugal († 1466), das im **Presbyterium** zu sehen ist.

 PLA DE PALAU 12

Der Pla de Palau erhielt seinen Namen von dem königlichen Schloß, das hier früher einmal stand. Dieser Platz fand seine größte Bedeutung im 18. und 19. Jh., als er mit Sitz der Regierung und der Börse zum Zentrum der Stadt geworden war. Nach der völligen Zerstörung des Königspalastes durch einen Brand ist die Börse, **die Llotja,** heute das bedeutendste Bauwerk des Platzes. Erbaut wurde die ursprüngliche Llotja 1352–1357. Von dem ersten Bau ist heute jedoch nur noch der gotische Saal erhalten. Nach einem Umbau des alten Gebäudes entstand im 18. Jh. das klassizistische Gebäude, das noch heute zu bewundern ist. 1774–1802 wurde es von dem Bauherrn Soler i Faneca im Auftrag des Handelsausschusses neu errichtet. In seinem Inneren befindet sich der bereits erwähnte **Börsensaal,** ein geräumiger, hoher Saal der Spätgotik, der Blütezeit des katalanischen Mittelmeerhandels. Die flache Decke des dreischiffigen Raumes wird von Zwischenbögen getragen. Zur Zeit Philipp V. diente er als Gefängnis. Heute befindet sich an diesem Ort nicht nur der Sitz der Börse, sondern auch die **Industrie-, Handels- und Schiffahrtskammer** sowie das **Museum der Königlichen Akademie** der Schönen Künste Sant Jordi. Neben der Börse sind an der Pla de Palau vor allem die **Laternen** zu bewundern. Sie wurden als eines der wenigen Auftragswerke der Stadtplanungsbüros von Barcelona 1878–80 von dem jungen Künstler Antoni Gaudí geschaffen.

PLAÇA D'ANTONI LÓPEZ/HAUPTPOST 13

In der Nähe des Hafens, bei den Molen Moll del Dispòsit, Moll d'Espanya und Moll Bosc i Alsina, liegt die Plaça d'Antoni López. Der Platz wird beherrscht von dem mächtigen Gebäude der Hauptpost von Barcelona, dessen Monumentalität durch seinen Standort mit freiem Blick über das Meer hervorgehoben wird. Dieser Bau entstand in den Jahren 1914–27 nach den Plänen der katalanischen Architekten Josep Goday und Jaume Torres. Zwei unterschiedlich hohe **Türme** ragen an den Seiten auf, das Tor ist mit Säulen geschmückt. Die **Fassade** wird durch ein Wappen des Bildhauers Eusebi Arnau gekrönt, Skulpturen seines Kollegen Manuel Fuxá zieren den Treppenaufgang, den großen Balkon und das Tor. Im Zentrum des Gebäudes befindet sich eine weite **Halle,** in die von oben her das Tageslicht einfällt. Bei ihrer Ausgestaltung wirkten bedeutende katalanische Künstler der damaligen Zeit wie Josep Obiols, Frances Galí, Frances Lalarta und Cayelles mit.

Vom erhöhten Moleausläufer kann man faszinierende Ansichten von der Moll de la Fusta und der Via Layetana auf das Bild bannen.

LAS MURALLAS ROMANAS 14

Um den **Mont Taber** herum finden sich noch heute Teile der einstigen römischen Stadtmauer. So sind in der heutigen Altstadt an einigen Stellen Überreste der alten Römerstadt **Barcino** zu betrachten. Dazu gehören verschiedene Säulen des Augustus-Tempels sowie die Fundamente unter der Kathedrale und unter dem Palau Reial Major. Um 270–310 n. Chr. wurde die Siedlung mit einer 1270 m langen, rechteckigen Mauer umgeben, die in regelmäßigen Abständen durch angliedernde Wehrtürme unterbrochen wurde. Die Mauer war 9 m hoch und 3,65 m dick.

Im 13. Jh. ließ Jaime I. eine neue Stadtmauer errichten, die auch die in der Zwischenzeit neu erbauten Häuser mit einschloß. Dazu wurde die alte

Ein kleiner Spielplatz mit Bänken befindet sich an der Plaza Traginers.

Dieser Teil der Altstadt zeigt enge, winklige Gassen, windschiefe Häuser, Motive aus Stein mit dem Charme der Jahrhunderte.

römische Mauer teils abgerissen, teils in den Bau neuer Häuser einbezogen. Die bauliche Veränderung bezog sich weiterhin auf die Wehrtürme. So wurde einer der Türme in den **Glockenturm** von Sant Agueda umgewandelt, die beiden **Rundtürme** an der Plaça Nova gehörten zum nördlichen Stadttor.

Mauerreste sind heute außer an der Plaça Traginers auch an der Avenida de la Catedral und an der Plaça del Angel zu sehen.

🏛 SANTS JUST I PASTOR 15

 Es lohnt sich eine Besichtigung des Brunnens aus dem 15. Jh. am Platz Just i Pastor.

Auf den Fundamenten einer frühchristlichen Kirche aus dem 4. Jh., der Überlieferung nach die erste christliche Kirche Barcelonas, begann der Bauherr Bernat Roca 1342 mit der Errichtung des heutigen gotischen Gotteshauses, das bis zum 15. Jh. eine königliche Kapelle war. Erst 1567 wurde der Glockenturm und damit der gesamte Bau von dem Architekten Pere Blay vollendet. Die ursprüngliche **Fassade** wurde 1884 rekonstruiert. Die Kirche hat nur ein Schiff, das in einen vieleckigen Chorabschluß mündet. In der **Seitenkapelle** links von der Apsis befindet sich der bemerkenswerte Altaraufsatz des San Félix aus dem Jahr 1525. Ein byzantinisches Taufbecken und zwei Weihwasserbecken, die aus westgotischen Säulenkapitellen geschaffen wurden, tragen zusätzlich zur Schönheit der Kirche bei. Auf dem Kirchplatz ist ein gotischer Brunnen von 1367 zu besichtigen, der im 20. Jh. architektonisch verändert wurde. Mit der Geschichte der Kirche Sants Just i Pastor ist das „**Privileg des Heiligen Testaments**" aus dem 10. Jh. eng verbunden. Dieses Privileg besagt: Ist ein Letzter Wille nicht schriftlich fixiert worden, so hat ein Zeuge, der den Letzten Willen kennt, die Möglichkeit, innerhalb eines halben Jahres vor dem Altar der San-Félix-Kapelle seinen Inhalt zu beschwören. Damit hat „das Testament" Gültigkeit. Dieser Brauch ist auch heute noch juristisch anerkannt.

Typische Gasse mit Straßencafé

CASA DE LA CIUTAT 16

Am Forum der Römersiedlung Barcino, der heutigen Plaça Sant Jaume, liegt das **Rathaus** Barcelonas. Der erste Bau entstand bereits im 14. Jh. Die gotische Fassade in der Calle de la Ciudad, entworfen von Arnau Bagués und Francesc Marenys, mit einer Statue des Erzengels Gabriel sind die Überreste des damaligen Rathauses und heute noch gut erhalten. Die Verdoppelung des Portals stammt allerdings aus dem 19. Jh.

Nach mehreren Umbauten entstand 1847 das heutige Gebäude mit seiner klassizistischen Fassade nach Plänen des Architekten Josep Mas i Vila. Die **Statuen,** die den Eingang flankieren, stammen von dem Künstler José Bovers. Sie stellen König Jaime I. und den Ratsherrn Fivaller dar. Im **Inneren** des Rathauses ist noch ein großer Teil der mittelalterlichen Räumlichkeiten zu sehen. Von der imposanten Eingangshalle mit Holzdecke gelangt man über eine Marmortreppe zu einer gotischen Galerie hinauf. Neben der Treppe liegt der **Salón de las Crónicas,** der von Josep Marìa Sert

El Meson del Cafe, Calle Llibreteria 1. Hier gibt es ausgezeichneten Kaffee.

21

1928 ausgemalt wurde und heute als Festsaal genutzt wird. Das eigentliche Prunkstück des Rathauses ist der **Salón de Cent,** der Versammlungsraum des Rates der Hundert. Der gotische Raum von Pere Llobet wurde 1373 eingeweiht. Die neugotische Ausstattung stammt von 1914.

 PALAU DE LA GENERALITAT   17

Das Glockenspiel der Generalität erklingt am Wochenende um 12 und 18 Uhr und dauert bis zu 20 Minuten.

Der Palast der „Generalität" wurde 1418–25 als Sitz der Regionalregierung von Katalonien erbaut. Heute besteht er aus einem Komplex von mehreren Bauwerken. Das älteste unter ihnen ist ein **gotischer Palast,** der von dem Baumeister Marc Safont für die Kommission der Ständeregierung, der Cortes, an der Calle del Obispo Irurita geschaffen wurde. Über seinem Portal befindet sich ein Reliefmedaillon, das den Heiligen Georg im Kampf mit dem Drachen zeigt. Ebenfalls von Safont stammt die **Kapelle San Jorge** von 1432 mit ihrer bemerkenswerten Fassade im Flamboyantstil, ein Stil der franz. Spätgotik mit flammenarti-

Der Palau de la Generalitat an der Calle del Obispo Irurita

gen Zierornamenten. Der **Innenhof** des Palastes, ein Meisterwerk der levantinischen Gotik mit Spitzbogenarkaden zählt weiterhin zu den Bauten Safonts. Von ihm führt eine Freitreppe zu einer vorspringenden Galerie hinauf. 1610–30 errichtete dann der Architekt Pere Pau Ferrer den Teil des Komplexes an der Plaça Sant Jaume, der heute das einzige reine **Renaissancegebäude** Barcelonas repräsentiert: Ein breiter quaderförmiger Bau mit drei Stockwerken wird von einer gelblichen Kuppel oberhalb des säulengeschmückten Portals gekrönt. Im Inneren sind vor allem der **Goldene Salon** (Cambra Dourada) und der **Salón de Sant Jordi** sehenswert.

EL CALL   18

Im westlichen Teil des Gotischen Viertels, zwischen Plaça Sant Jaume und Plaça Nova, lag im Mittelalter das **Judenviertel.** Der Name leitet sich vom hebräischen „kahal" („Gemeinde") her. Ihre Blütezeit erlebte die Gemeinde vom 9.–12. Jh., als hier Dichter und Philosophen, Astronomen und andere Gelehrte lebten. Doch im Lauf der Zeit wuchs der Neid der übrigen Bürger, der durch die erfolgreichen Handelsgeschäfte der Juden geweckt wurde. So ließ König Jaime I. 1243 die erste Ghettomauer errichten, außerhalb derer kein Jude wohnen durfte. Die Feindseligkeiten nahmen jedoch weiter zu, bis es 1391 in großen Teilen Spaniens zu massiven Ausschreitungen kam, denen „El Call" fast vollständig zum Opfer fiel. Trotz Strafmaßnahmen gegen die Anstifter der Hetze wurde das zerstörte Viertel nicht wieder aufgebaut. In den folgenden Jahren fand zudem eine Umwandlung der Synagogen in christliche Kirchen und Werkstätten statt; 1401 folgte dann ihre völlige Zerstörung. Erst 1931 wurde erneut eine Synagoge in Barcelona erbaut, die jedoch während des Spanischen Bürgerkriegs geschlossen blieb. Heute ist das Viertel ein **Zentrum des Antiquitätenhandels.**

„Granja", Calle Banys Nous 6. Hier gibt es köstliche Bocadillos und frischgepreßten Orangensaft in riesigen Gläsern.

ESGLÉSIA DEL PI 19

Die „Bar del Pi", Plaça Josep Oriol 1, Tel. 318 07 86, ist Treffpunkt für junge Leute. Alle Bars an der Plaça del Pi servieren auch draußen.

Die älteste Einkaufspassage der Stadt ist die Galeria Malda, geöffnet 10–14 und 17–20 Uhr.

Der erste Bau der Kirche entstand an gleicher Stelle bereits im 10. Jh. Mit der Errichtung des heutigen Gebäudes in reiner katalonischer Gotik wurde um 1322 begonnen. Aufgrund der Unterstützung von Alfons IV., dem Gütigen, konnte die Kirche bis zum Ende des 14. Jhs. fertiggestellt werden. Bis 1453 kamen der Kapitelsaal und der 54 m hohe, achteckige Glockenturm hinzu. Zwei kleine fensterlose **Türme** ragen an den Seiten der schlichten Fassade empor, die nur von dem prächtigen **Spitzbogenportal** und der **Fensterrose,** die als größte der Welt gilt, durchbrochen ist. Das **Innere** des Gotteshauses ist ein großes Kirchenschiff mit Seitenkapellen. Zwischen ihnen befinden sich die für die Gotik typischen Strebepfeiler, die die beinahe schmucklosen Wände unterbrechen. Die bunten **Glasfenster** sind leider nur noch teilweise im Original erhalten.

PALAU EPISCOPAL 20

In der Nähe der Kathedrale wurde schon 926 auf den Resten der römischen Stadtmauer der Bischöfliche Palast erbaut. Das heutige Gebäude stammt aus dem 12. und 13. Jh. und wurde im Lauf der Jahrhunderte mehrfach umgebaut und erweitert. Von dem romanischen Bau sind heute noch der schöne **Innenhof** mit seiner sehenswerten Galerie, die Arkaden und das untere Stockwerk des Gebäudes vorhanden. Die neoklassizistische **Fassade** des Palau Episcopal an der Plaça Nova entstand 1780, die am Carrer Garriga i Bachs im 20. Jh. Vor dieser Fassade befindet sich ein Denkmal, das an den Spanischen Unabhängigkeitskrieg gegen Napoleon erinnert. Im Inneren des Palastes ist vor allem der **Salón de Honor** im ersten Stock mit seinen neuromanischen Wandmalereien sehenswert.

CATEDRAL DE SANTA EULALIA 21

Auf den Fundamenten einer 925 von den Mauren zerstörten dreischiffigen Basilika der Heiligen Eulalia, deren Überreste zum Teil noch zu sehen sind, wurde 1046 von Bischof Guislabert mit dem Bau einer romanischen Kathedrale begonnen. Das heutige gotische Bauwerk geht jedoch auf König Jaime II., den Gerechten, zurück. 1298 begonnen, 1317 durch den Baumeister Jaime Fabre und 1365 durch dessen Kollegen Bernat Roca weitergeführt, wurde der Bau der Kathedrale Mitte des 15. Jhs. abgeschlossen. Seine Hauptfassade entstand allerdings zu Anfang des 20. Jhs. Die beiden Stockwerke mit ihren Spitzbogenfenstern werden von zwei halbhohen **Türmen** flankiert. Ein dritter, weitaus mächtigerer Turm, ragt über dem neugotischen, halbrunden Hauptportal mit dem spitz zulaufenden Überbau auf. Das dreischiffige, hochgotische **Kircheninnere** ist 83,30 m lang, 37,20 m breit und 25,50 m hoch und wird von je fünf Jochen überspannt. Ungewöhnlich ist die Lage der Kuppel direkt am Eingang. Die Wände

Straßenmusiker unterhalten rund um die Kathedrale, ob mit Barockquerflöte oder Rockgitarre.

Die Carrer del Bibo bekommt im Nachmittagslicht ihre besondere Atmosphäre, Straßenmusiker beleben das Bild.

Der Chor der Catedral de Santa Eulalia

selbst und die mächtigen Strebepfeiler sind sehr schlicht gestaltet. Umso größer ist die Wirkung des herrlichen holzgeschnitzten Chores und seiner Kanzel, beide aus der Hand des Künstlers Pere Sanglada (1399 und 1403). Die **Seitenkapellen** enthalten gotische und barocke Altäre, darunter die Capilla del Santìsimo Sacramento mit dem „Christus von Lepanto". Die 1405–15 von dem Baumeister Arnau Bargués errichtete Kapelle war ursprünglich der Kapitelsaal der Kathedrale. Durch die romanische Puerta de San Severo gelangt man in den arkadengesäumten **Kreuzgang** von 1382–1448 mit seinem schönen Garten und der Capilla de Santa Lucia.

 PLAÇA DEL REI 22

🏛 Museu del la Historia de la Ciutat, Calle Llibreteria 8, Tel. 315 11 11, tgl. 10–13 und 16–20 Uhr, Mo. geschl.

Die Plaça del Rei ist von den verschiedensten geschichtsträchtigen Bauten aus etwa 2000 Jahren umgeben. Der **Palau Clariana Padellas** aus dem 15. Jh., in dem sich das Historische Museum befindet, wurde nach dem Bürgerkrieg hierher verlegt. Bei den dafür benötigten Ausgrabungsarbeiten entdeckte man Reste der römischen Stadtmauer sowie Fundamente aus der Zeit der Westgotenherrschaft, die im Keller des Palastes zu besichtigen sind. Außerdem befindet sich an der Plaça del Rei die Kirche **Santa Agueda** aus dem 14. Jh. Die ehemalige Schloßkirche ist wegen ihrer bemalten Holzdecke und des gotischen Bildaltars besonders sehenswert. Neben ihr ragt ein siebenstöckiger **Aussichtsturm,** der „Mirador del Rei Martí", empor. Eines der imposantesten Bauwerke des Platzes ist der **Palau Reial Mayor,** der einstige Königspalast. Im 10. Jh. entstand er als Sitz der Grafen von Barcelona. Von seinen Räumlichkeiten ist in erster Linie der **Salón del Tinell** interessant, der 1359–62 von dem Architekten Guillem Carbonell gebaut wurde. In diesem 17x33,5 m großen Saal wurde Christoph Kolumbus von Königin Isabella nach seiner ersten Amerikareise 1493 empfangen.

Historischer Brunnen auf der Plaça del Rei

MUSEU FREDERIC MARÉS   **23**

In dem ehemaligen Palast der Grafen von Barcelona und der Könige von Kastilien und Aragon befindet sich das 1946 gegründete Museum Frederic Marés. Der Bildhauer Frederic Marés Deulovol trug die heute zu besichtigende kostbare Sammlung zusammen und schenkte sie 1946 der Stadt Barcelona.

Das Gebäude, das 1856 nach klassischem Vorbild verändert wurde, bildet einen würdigen Rahmen für die **Skulpturensammlung,** die den größten Teil des Museums einnimmt und nach dem Museu de Escultura in Valladolid die größte Sammlung Spaniens ist.

Daneben umfaßt sie Werke aus klassischer, romanischer, gotischer und barocker Zeit, aber auch einige Stücke aus dem 19. Jh., die vorwiegend aus Spanien stammen.

In 25 Sälen und dem Kellergeschoß findet man bedeutende Kunstschätze wie das Steinrelief italienischer Herkunft „Die Berufung der Apostel Petrus und Paulus" aus der Mitte des 12. Jhs.

Museu Frederic Marés, Pl. St. Jú, Tel. 3 10 58 00, Di.–Sa. 9–14 Uhr und 16–19 Uhr, So. 9–14 Uhr, Mo. geschl.

Im Orangenpatio des Museums befindet sich ein Café; geöffnet nur im Sommer.

(Saal I), einen Kreuzweg von Jaime Huguet (1465–72, Saal XII), das monumentale Relief „Anbetung der Hirten" des Bildschnitzers und Architekten Juan de Oviedo (um 1600, Saal XVIII) und den Marienaltar aus Toledo aus dem 16. Jh. (Saal XXII).

Das 2. und 3. Stockwerk beherbergen hingegen das **Museu Sentimental,** eine reichhaltige Sammlung von Gebrauchsgegenständen der letzten Jahrhunderte. In 17 Räumen findet man neben Volkskunst auch Keramik, Uhren, historische Fotoapparate und Spiele, Raucheraccessoires und vieles mehr aus dem Alltagsleben der Spanier.

 CASA PÍA ALMOINA 24

Das Haus der Pía Almoina wurde bereits 1009 als Stiftung für den „fortwährenden täglichen Unterhalt von hundert Armen" gegründet.

Das heutige dreistöckige Gebäude, das an der Stelle eines ehemaligen Kanonikerhauses steht, stammt aus dem 15. Jh. Es liegt links von der Kathedrale und ist auf zwei Stufen erbaut.

Die **Fassade** mit Reliefs der Heiligen Eulalia, dem Wappen des Domkapitels und den Insignien der Kreuzigung wird nur von einigen wenigen, schlichten Fenstern unterbrochen.

Unmittelbar unter dem Dach verläuft jedoch eine niedrige, aber dichte Reihe von Rundbogenfenstern.

Im 16. Jh. wurde das Gebäude vergrößert, ohne daß wesentliche Veränderungen an seiner Anlage vorgenommen wurden. Die Rückseite der Casa Pía Almoina ist direkt an die **römische Stadtmauer** gelehnt, von der hier noch einige Überreste erhalten sind.

Gegenüber der Casa Pía Almoina liegt, ebenfalls am Kathedralenvorplatz, die **Casa del Arcediano** mit einem schönen Innenhof aus dem 15. Jh. Sie ist **Sitz des historischen Archivs** von Barcelona.

PORTAL DEL ANGEL   25

Um zum Portal del Angel zu gelangen, begeht man die schmale Calle Arcs, in deren ältestem Gebäude, dem Haus Nr. 2, der altehrwürdige **Real Cercle Artístic,** der Königliche Kunstverein, seinen Sitz hat.

Auf dem kleinen Platz, an dem die Calle Arcs auf die Calle Cucurulla trifft, steht das Portal del Angel.

An dieser Stelle begann zu Zeiten, als die Plaça de Catalunya noch ein öder und unbebauter Platz und die Rambla das Bett eines reißenden Gebirgsstroms war, das alte Stadtgebiet Barcelonas. Heute bildet nicht nur die Plaça de Catalunya, sondern auch die Ramblas das pulsierende Herz der modernen Metropole.

Das damalige Portal dels Orbs („Stadttor") erhielt erst viel später den Namen „Engelstor". Nach der Legende soll der Heilige Sant Ferrer durch dieses Tor mit seinen Anhängern die Stadt betreten haben. Als er an dieser Stelle die Stadt passierte, wurde er von einem Engel begrüßt.

Das älteste Gebäude der Calle Arcs beherbergt den Königlichen Kunstverein: Real Cercle Artístic, Calle Arcs 2.

Barceloneser Bürger beim Stadtfest

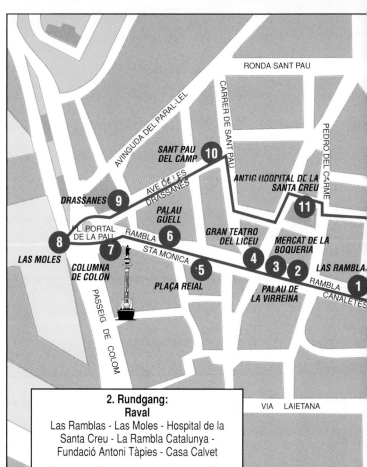

RONDA SANT PAU

CARRER DE SANT PAU

PEDRO DEL CARME

AVINGUDA DEL PARAL-LEL

SANT PAU DEL CAMP **10**

ANTIC HOSPITAL DE LA SANTA CREU

AVE DE LES DRASSANES

DRASSANES **9**

PALAU GÜELL

11

PL. PORTAL DE LA PAU

RAMBLA

6

GRAN TEATRO DEL LICEU

MERCAT DE LA BOQUERIA

8

7

STA MONICA

4

3

2

LAS RAMBLA

LAS MOLES

COLUMNA DE COLON

·5

PALAU DE LA VIRREINA

RAMBLA

1

CANALETES

PLAÇA REIAL

PASSEIG DE COLOM

VIA LAIETANA

2. Rundgang: Raval

Las Ramblas - Las Moles - Hospital de la Santa Creu - La Rambla Catalunya - Fundació Antoni Tàpies - Casa Calvet

Der zweite Rundgang von dreieinhalb Stunden berührt fast alle schönen und wichtigen Straßen der Stadt. Neben Exkursionen in die weitere Vergangenheit, romanische und gotische Architektur, lernen wir das Barcelona des ausgehenden 19. Jahrhunderts kennen; die Epoche der Stadterweiterung mit ihren großzügig angelegten Prachtstraßen, ihrem märchenhaften Baustil, ihrer Liebe zum Luxus und zum Detail. Wer abkürzen möchte, kann von der Plaça de la Universitat durch die Calle Pelayo zur Plaça de Catalunya zurückkehren.

PASSEIG DE SANT JOAN

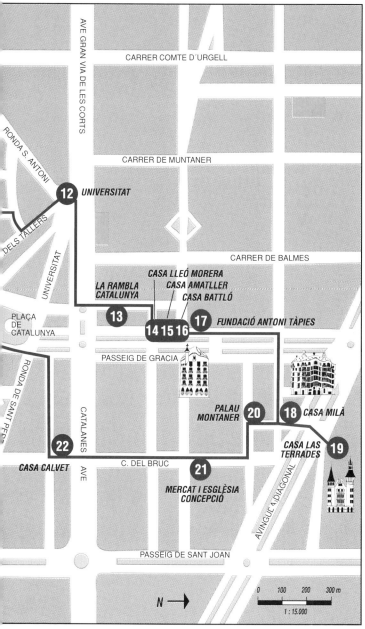

CARRER COMTE D'URGELL

AVE GRAN VIA DE LES CORTS

RONDA S. ANTONI

CARRER DE MUNTANER

.DELS TALLERS

12 *UNIVERSITAT*

UNIVERSITAT

CARRER DE BALMES

LA RAMBLA CATALUNYA

CASA LLEÓ MORERA
CASA AMATLLER
CASA BATTLÓ

PLAÇA DE CATALUNYA

13

14 15 16 **17** *FUNDACIÓ ANTONI TÀPIES*

PASSEIG DE GRACIA

RONDA DE SANT PER

CATALANES

PALAU MONTANER **20** **18** *CASA MILÀ*

22

CASA CALVET

AVE

C. DEL BRUC

21

CASA LAS TERRADES **19**

MERCAT I ESGLÈSIA CONCEPCIÓ

AVINGUE 4 DIAGONAL

PASSEIG DE SANT JOAN

N →

0   100   200   300 m

1 : 15.000

LAS RAMBLAS 1

i Um den Ausgangspunkt zu erreichen, nimmt man die Metro 3 und steigt Catalunya aus.

Eines der Wahrzeichen Barcelonas: der Brunnen von Canaletas. Das Wasser ist trinkbar.

Zum Fotografieren der Ramblas stehen Sie hier am besten, um den Reiz der Flaniermeile einzufangen.

Auf einer Länge von 1180 m verbinden Las Ramblas, die platanenbestandenen Flanierstraßen Barcelonas, die Plaça Catalunya mit dem Hafen. Ursprünglich befand sich hier das Bett eines kleinen Gebirgsflusses, das erst Anfang des 18. Jhs. trockengelegt und als Fundament für die künftige Hauptstraße verwendet wurde. Die heutige Anlage mit Baumbestand und breitem Fußgängerbereich in der Mitte entstand im 19. Jh. Bis zur Stadterweiterung von 1859 durch den Architekten Ildefons Cerdá waren sie die einzigen großen Straßen in einem Gewirr von schmalen Gäßchen. Las Ramblas setzen sich aus fünf Abschnitten zusammen. An der Plaça Catalunya beginnt die **Rambla Canaletes,** die ihren Namen vom Font de Canaletes, einem gußeisernen Brunnen aus dem 19. Jh., hat. Wer von seinem Wasser trinkt, heißt es, wird zum echten Barceloneser.
Dann folgen die **Rambla dels Estudies** mit ihrem vormittäglichen Vogel- und Zierfischmarkt und die **Rambla de Sant Josep,** die wegen des morgens

Die Ramblas sind die beliebtesten Flanierstraßen der Stadt

stattfindenden Blumenmarktes auch Rambla dels Flors genannt wird. An der Plaça de la Boqueria beginnt die **Rambla dels Caputxins,** die sich in der **Rambla de Sant Mónica** bis zum Hafen fortsetzt. An dem Straßenzug befindet sich eine Vielzahl von Sehenswürdigkeiten, Hotels, Cafés und Restaurants. Tag und Nacht promenieren hier Menschen aller Altersstufen, Berufe und Nationalitäten.

Boadas, Tallers 1, Tel. 3189592. Die älteste Cocktailbar Barcelonas.

PALAU DE LA VIRREINA 2

Der „Palast der Vizekönigin", der aus optischen Gründen ein Stück von der Straße zurückversetzt ist, wurde 1871–78 nach den Plänen von Manuel Amat, dem Vizekönig von Peru, erbaut. Der Bildhauer und Architekt Carles Grau führte die Bauarbeiten aus und gestaltete die spätbarocke **Fassade** mit dem prachtvoll verzierten, von Säulen flankierten Mittelbalkon in der Hauptetage sowie die große Freitreppe. Der Palast besitzt mehrere der für die damalige Zeit typischen Aussichtstürme, die von vielen der herrschaftlichen Paläste Barcelonas emporragen. Kurz nach dem Bezug des Gebäudes verstarb der betagte Vizekönig, und seitdem lebte hier seine junge Witwe, die dem Palast seinen Namen gab. Von den **Innenräumen** sind vor allem der Empfangsraum und das Rokoko-Eßzimmer beachtenswert. Außerdem befinden sich im Palau de la Virreina heute das **Kunstgewerbemuseum,** das **Postmuseum** und die **städtische Münzsammlung.**

Hier geht die Rambla der Vogelhändler in die Rambla der Blumenhändler über.

Trinkwasserbrunnen mit Barockkeramik, Ramblas, Ecke Puertaferrisa.

An den Zeitungskiosken der Ramblas kann man neben der internationalen Presse auch Bücher, Postkarten und Kunstkataloge kaufen.

MERCAT DE LA BOQUERÍA 3

Am Übergang von der Rambla de Sant Josep in die Rambla dels Caputxins liegt der Mercat de la Boquería, der beliebteste Markt Barcelonas. Eigentlich heißt er Mercat de Sant Josep, denn seit

Obststand im Mercat de la Boquería

i Öffnungs-
zeiten des
Marktes: von früh
morgens bis um
14 und von 17
bis um 20.30 Uhr.
Die Luxusstände
des Mittelganges
sind immer offen.

El Egipte,
Jerusalem 3,
Tel. 3 17 74 80,
So. geschl.
Volkstümliche
Küche.

1593 stand hier das Convento de los Carmelitos Descalzados de Sant Josep. Dieses Karmeliterkloster brannte jedoch 1840 nieder, und so entstand hier genug Platz für eine Markthalle. Die große Stahlkonstruktion erbaute 1873–76 Josep Mas i Vila, der mit den Architekten Gaietá Buigas, Rovira i Trias und Fontseré i Mestres ab 1850 die Epoche der Eisenarchitektur in Barcelona einläutete. Die Hauptattraktionen des Mercat de la Boquería ist der überaus reichhaltige **Fischmarkt**, der Fisch, Krustentiere und Meeresfrüchte aller Art anbietet. Doch auch Obst und Gemüse, Eier und vieles andere mehr ist hier zu finden.

 GRAN TEATRO DEL LICEU　　　　　4

Ein Miró-
Emblem
aus Pflastersteinen findet sich
auf den Ramblas,
auf der Höhe der
Calle Boquería.

Die Gründung des Opernhauses geht auf das Jahr 1938 zurück, als der Hauptmann der Bürgerwehr, Manuel Gibert i Sans, das „Liceo Dramático de Aficionados" ins Leben rief, mit dessen Einnahmen sein Korps unterstützt werden sollte. Seine erste Heimstatt hatte das Theater im ehemaligen Kloster Montsió, wo es am 3. Februar mit Vincenzo Bellinis Oper „Norma" eröffnet wurde. Aus Platzmangel verlegten die musikbegeisterten Bürger, wiederum unter Leitung von Gibert i Sans, das Theater an den heutigen Platz. Hier hat der Architekt Miquel Garriga i Roca an der Stelle des Klosters Trinitarios bis 1847 das Gran Teatro del Liceu in Anlehnung an die Mailänder Scala errichtet.

Die eher unauffällige **Fassade** mit ihren durch Doppelsäulen getrennten Rundbogenfenstern im Hauptteil des ersten Stockwerks schuf der französische Architekt Viguié. Bei dem Wiederaufbau des abgebrannten Theaters 1862 richtete sich der Bauherr Josep Oriol i Mestres genau nach den ursprünglichen Plänen. Die neubarocke Ausstattung des über 4000 Menschen fassenden Zuschauerraumes mit fünf Rängen entstand 1883 u. a. durch den Maler Josep Mirabent i Gatel. Die Aufführungen von Oper, Ballett und Konzert sind stets von höchster Qualität. Die größten Sänger aus aller Welt gastierten hier, darunter Enrico Caruso und Maria Callas, aber auch die katalanischen Stars wie Montserrat Caballé und José Carreras.

Dieser Abschnitt der Ramblas ist ein beliebter Platz für Straßenkünstler.

Internationaler Treffpunkt ist das Café de la Opera, Rambla Caputxins 74, Tel. 3024180.

Metrostation am Gran Teatro del Liceo

👁 PLAÇA REIAL 5

Die Plaça Reial ist ein reizvolles Motiv besonders bei abendlicher Straßenbeleuchtung. Ein höherempfindlicher Film (z. B. Agfacolor XRG400) schützt vor Verwacklungen.

⭐ Ein Insidertip ist die Diskothek El Karma, Plaça Reial 10, Tel. 3025680.

Der „königliche Platz" liegt ein wenig abseits von den Ramblas und ist durch einen Durchgang von ihnen aus zu erreichen. 1848 wurde er von dem katalanischen Architekten Francesc Molina i Casamajó entworfen, nachdem man hier das Kapuzinerkloster, von dem die Rambla dels Caputxins ihren Namen hat, abgerissen hatte. Die geschlossene Platzanlage wird von schönen **gleichmäßigen Häusern** in klassizistischem Stil gesäumt, in deren **Arkadengängen** sich etliche Cafés, Bars und Geschäfte befinden. Die **Straßenlaternen** aus Schmiedeeisen stammen von Antoni Gaudí. Er entwarf sie 1878 als eines seiner wenigen Werke im Auftrag der Stadt. Der Platz ist mit hohen Palmen bestanden, in der Mitte erhebt sich ein schöner Springbrunnen. Erst vor wenigen Jahren wurde der Platz geteert. Die Plaça Reial ist einer der beliebtesten Treffpunkte der Stadt; stets ist sie belebt von Jung und Alt.

👁 PALAU GÜELL 6

Im Gebäude des Palau Güell ist ein Theatermuseum: Non de la Rambla 3, Tel. 3173974, tgl. (außer Mo.) 10–13 Uhr und 17–19 Uhr, So. 10–13 Uhr.

Der Palast, den Antoni Gaudí 1886–88 für den Grafen Eusebi Güell als Erweiterung seines alten Stadtpalais' erbaute, war das erste große Werk des katalanischen Architekten, mit dem er seinen charakteristischen Stil verwirklichen konnte. Das Gebäude ist über einen Steg mit dem alten Palast verbunden, kann aber von der Rambla aus durch zwei parabolförmige Tore betreten werden. Die **Tore** sind mit den für Gaudí so typischen feinen Eisengittern versehen. Zwischen ihnen ist das katalanische Wappen angebracht. Die **Fassade** mit ihren regelmäßigen rechteckigen Fenstern ist relativ streng gehalten und weist eine entfernte Ähnlichkeit mit den gotischen Palästen Venedigs auf. Die **Dachterrasse** jedoch mit ihrem kegelförmigen Turm und den 18 fantasievollen Türmen, die mit Keramikmosaiken geschmückt sind, weisen den Palast dem Modernismus zu. Das Erdgeschoß mit den dicken Ziegelsäulen wurde als Pferdestall benutzt. Die **herrschaftlichen Räume** gruppieren sich um einen hohen Kuppelraum, der sich über mehrere Stockwerke erstreckt und Veranstaltungsort von Konzerten und Dichterlesungen, aber auch von Gottesdiensten war. Beeindruckend ist auch seine Farbgebung. Die Räume sind mit reichen Ornamenten, Marmorsäulen sowie Stalaktiten- und Kassettendecken ausgestattet. Dazu kommen das erlesene Mobiliar und die Gemälde von A. Clapés. Heute befindet sich hier das **Theatermuseum**.

 Der Palau Güell bietet besonders reizvolle Motive, da die kunstvolle Architektur des Gebäudes sich in die Natur einzufügen scheint.

COLUMNA DE COLON 7 👁

Am Ende der Ramblas liegt direkt am Hafen die Plaça Portal de la Pau, einer der großen Verkehrsknotenpunkte der Stadt. Der Platz ist flankiert vom **Marinemuseum** in den Reales Atarazanes, dem 1895–1902 von den Architekten Enric

👁 Mit dem Aufzug kann man bis unter „Kolumbus' Füße" fahren.

Der reliefgeschmückte Sockel der Kolumbussäule am Hafen

Das Wachs-figurenkabi-nett Museu de Cera, Pasaje de la Banca 7, Tel. 3 17 26 49, tgl. 11–13.30 und 16–19.30 Uhr, So. 11–13.30 und 16–20 Uhr zeigt über 300 be-rühmte Persön-lichkeiten.

Sagnier und Pere Garía Faria erbauten **Neuen Zollamt** und dem Bau der **Junta de Obras del Puerto** des Ingenieurs Julio Valdés, das als Ein-schiffungsgebäude für die Reisenden diente. In der Mitte des Platzes ragt die Columna de Colon empor, das größte Denkmal der Welt für den Ame-rikaentdecker Christoph Columbus. 1886–88 wurde die Columbussäule von dem Baumeister Guleta Buigas i Monravá errichtet. Auf einem reliefge-schmückten Sockel, der Szenen aus dem Leben des Kolumbus zeigt, erhebt sich bis in 60 m Höhe eine mächtige Eisensäule, die mit sinnbildlichen Figuren bedeckt ist. An ihrem oberen Ende befin-den sich eine Aussichtsplattform und ein Informa-tionsbüro, zu denen man mit einem Aufzug hin-aufgelangen kann. Über der Plattform steht die 8 m hohe Statue von Christoph Columbus, die al-lerdings nicht nach Amerika, sondern nach Osten deutet, in Richtung des ursprünglichen Ziels der Entdeckungsreise.

👁 LAS MOLES 8

👑 Eine Fahrt mit den Golondrinas, den „Schwalbenboo-ten", bringt Sie bis zum Wellen-brecher und zurück.

Zusammen mit dem Außenhafen umfaßt der ge-samte Hafen mit seinen vielen Molen etwa 300 ha Fläche. Somit ist er neben den Häfen von Gijón und Bilbao der wichtigste und modernste Spa-niens. Alljährlich werden hier ungefähr 40 Mio. t Güter umgeschlagen. Importiert werden dabei vor allem Steinkohle, Getreide und Baumwolle, in den Export gelangen Olivenöl und Kork. Außerdem besteht eine regelmäßige **Fährverbindung** zwi-schen Barcelona und Mallorca, Menorca und Ibiza. Direkt bei der Plaça Portal de la Pau treffen die Molen Moll de las Atarazanes und Moll Bosch i Alsina, die auch Moll de la Fusta genannt wird, aufeinander. Davor befindet sich das Hafenbecken Dársena Nacional, das auf seinen anderen Seiten durch die Moll de Barcelona und die Moll d'Espa-nya begrenzt wird. Hier liegt eine 1951 erbaute Nachbildung der **Santa María** vor Anker, des Flaggschiffs von Kolumbus' erster Fahrt nach

Amerika 1492. Für die Olympiade 1992 wurde eine Strandpromenade vom Montjuich über die Moll de la Fusta bis zum Ciutadela-Park nach den Entwürfen des Architekten Manuel de Solá-Morales i Rubio angelegt. Die Molenpromenade ist durch Grünanlagen gegen den Verkehrslärm des Passeig de Colom geschützt. Somit wurde die Moll de la Fiesta ein beliebter Ort für die Barcelonesen, die es genießen, hier in einem Café zu sitzen.

Aus den Gondeln der Seilbahn haben Sie die Möglichkeit, Barcelona aus der Vogelperspektive zu fotografieren.

DRASSANES 9

Auf den ehemaligen Hafendocks, den Drassanes, befindet sich in den weiträumigen Bogenhallen des Königlichen Schiffszeughauses das **Marinemuseum**. Die Reales Atarazanes stammen aus dem 14.–17. Jh. und sind das größte und vollständigste mittelalterliche Arsenal, das heute noch erhalten ist. Seine ersten Hallen wurden 1378 unter Pedro dem Großen errichtet. In den insgesamt zwölf Hallen wurden nach ihrer Fertigstellung die Schiffe der Krone von Aragón erbaut und repariert. Doch mit der Entdeckung Amerikas und dem damit verbundenen Bedeutungsverlust des Mittelmeers für die Handelsschiffahrt wurden sie großteils in Lagerhallen und Truppenunterkünfte umfunktioniert.

Seit 1936 befindet sich in den Atarazanes das Marinemuseum, das noch immer erweitert wird. Eine kaum überschaubare Sammlung von Seekarten, Schiffsmodellen, nautischen Instrumenten usw. zeigt die Entwicklung der Seefahrt allgemein, dokumentiert aber auch die Rolle Kataloniens im Mittelmeerhandel. Die Hauptattraktion des Museums ist die detailgetreue Nachbildung der Galeere **„Real"** im Originalmaßstab. Sie war das Flaggschiff der spanischen Flotte in der legendären Seeschlacht von Lepanto. Mit dem Sieg errang Juan d'Austria, der uneheliche Sohn Karls V., 1571 gegen die Türken die Vorherrschaft des Abendlandes auf dem Mittelmeer.

Das Museu Marítim ist das Schiffahrtsmuseum in der mittelalterlichen Werft der Drassanes. Plaça Porta de la Pau 1, Tel. 301 18 71, tgl. außer Mo. 10–14 Uhr und 16–19 Uhr, So. 10–14 Uhr.

SANT PAU DEL CAMP 10

Die Avenida Paral.lel ist die Varietémeile Barcelonas. Viele berühmte Theater mit Shows für jeden Geschmack: z. B. Arnau, Paral.lel 60, Tel. 4422303. Kabarettheater. Oder: Apolo, Mou de la Rambla 113, Tel. 4425183. Sa. nacht- und So.-nachmittag-Vorstellung.

Eines der ältesten noch teilweise erhaltenen Bauwerke Barcelonas ist die Kirche Sant Pau del Camp.

Das erste Kloster wurde hier bereits 912 außerhalb der Stadtmauern erbaut – daher auch der Name „Sankt Paulus auf dem Feld" –, wobei es sogar Hinweise auf einen noch früheren Bau gibt. Nach mehreren Zerstörungen, zu denen es nach der Gründung des Klosters kam, entstand 1117 die heutige romanische Kirche.

Die Fassade weist lombardische Züge auf. Der achteckige **Turm** wurde erst im 17. Jh. durch ein Spitzdach ergänzt. Das **Kircheninnere** ist ein ungewöhnlich hohes Tonnengewölbe mit drei Altarnischen, die das Kirchenschiff abschließen. Hier befindet sich auch das Grabmal des Grafen Wilredo II. († 911).

Auf der Südseite gelangt man zu einem kleinen **Kreuzgang** aus dem 13. Jh. Durch die abwechslungsreiche Gestaltung seiner Säulen wirkt dieser Kreuzgang besonders beeindruckend.

Beeindruckende Drachenskulptur als Fassadenschmuck eines Wohnhauses

ANTIC HOSPITAL DE LA SANTA CREU 11

Anfang des 15. Jhs. wurde im Auftrag des Stadtrats von Barcelona mit dem Umbau und der Erweiterung des Spitals d'En Colom begonnen. Unter dem Namen „Heilig-Kreuz-Krankenhaus" sollte es die verschiedenen, bis dahin in der ganzen Stadt verteilten Hospitäler vereinigen. So entstand ein großer Gebäudekomplex, der um einen gotischen Kreuzgang angeordnet wurde und in einem seiner Flügel die Kirche Santa Creu beherbergte. 1629–80 fügte man die **Casa de Convalescencia** hinzu, ein vierflügeliges Erholungsheim, das in barockem Stil um einen arkadengesäumten Innenhof gebaut ist. Daneben erhebt sich das einstige Chirurgie-Kollegium des Architekten Ventra Rodríguez von 1762, dessen ovales anatomisches Theater heute die **Real Academia de Medicina** beherbergt. Zu Beginn des 20. Jhs. wurde das Krankenhaus in die von Lluis Doménech i Montaner entworfenen Gebäude des Hospitals de la Santa Creu i de Sant Pau in der Neustadt verlegt.

Das alte Krankenhaus bestand zunächst noch als Armenkrankenhaus fort. Hier starb Kataloniens berühmtester Architekt Antoni Gaudí 1926 nach einem Unfall. Nach einer umfassenden Renovierung wurde im Antic Hospital de la Santa Creu ein **Kulturzentrum** eingerichtet, in dem sich die Biblioteca de Catalunya, mehrere Archive und das Studio des Emaillierkünstlers Miguel Soldevilla befinden. Auch Konzerte finden hier statt.

Lohnenswerte Motive sind die Gärten und der Eingangspavillon mit seinen Mosaiken, Glasarbeiten und Deckenmalereien.

Im gotischen Innenhof des Hospitals finden im Sommer oft Konzerte statt. Informationen vor Ort

Muy Buenas, Carme 63. Ein sehenswertes Jugendstilcafé.

UNIVERSITAT 12

Die Universitat Central de Barcelona an der Plaça Universitat ist wohl die interessanteste der drei Universitäten der Stadt. Bereits zur mittelalterlichen Blütezeit Barcelonas wurde 1450 das Institut für Estudis Generals gestiftet, das sich zu der

Zwischen Plaça de la Universitat und Plaça de Catalunya liegt die Calle Pelai, wo es die meisten Schuhgeschäfte auf engstem Raum gibt.

In der Aula Magna oder der Capilla der Universität finden oft interessante Vorträge und gute klassische Konzerte statt. Informationen vor Ort.

Zeit an den Ramblas befand. Da jedoch Katalonien im Spanischen Erbfolgekrieg das Haus Habsburg unterstützt hatte, wurde das Institut 1717 im Rahmen der bourbonischen Strafmaßnahmen durch Philipp V. nach Cervera verlegt. Das Gebäude wurde seitdem als Kaserne benutzt. Erst um 1840 kehrte die Universität nach Barcelona zurück, zunächst in das Kloster El Carmen. Das heutige Gebäude, ein neoromanischer Bau mit orientalischen Elementen, entstand bis 1877 nach Plänen des Architekten Elies Rogent i Amat. Zwei langgestreckte symmetrische Baukörper mit Rundbogenfenstern flankieren den höheren Mittelteil mit der Eingangshalle. An den Seiten erheben sich zwei **Türme**, der linke davon ist ein Glockenturm. Die beiden **Innenhöfe** sind mit Säulen, Vorbauten und einer Galerie ausgestattet. Die Hörsäle, Büros und Seminarräume sind um die Innenhöfe gruppiert. Besonders sehenswert sind das **Auditorium maximum** im Mudéjar-Stil, das mit großen historischen Gemälden geschmückt ist, und die **Bibliothek** mit ihren Beständen, die zum Teil noch aus dem Mittelalter und der Renaissance stammen.

LA RAMBLA CATALUNYA 13

Die Calle Consejo de Cliento bietet links und rechts der Rambla Catalunya dem Kunstliebhaber und Kenner, in ihren zahlreichen Galerien, ausgiebig Gelgenheit zu schauen und zu kaufen.

Die Rambla Catalunya ist die nordwestliche Fortsetzung der eigentlichen Ramblas. Sie erstreckt sich von der Plaça de Catalunya bis zur Avinguda de la Diagonal und durchschneidet mit ihrer Lage das rechtwinklig angelegte Straßennetz der Stadt diagonal. Die Rambla Catalunya entstand 1888 in kürzester Zeit zur ersten Weltausstellung in Barcelona, obwohl keine Genehmigung der Behörden eingeholt wurde. Am Beginn der Fußgängerzone steht die Skulptur eines riesigen Stiers. Es folgt ein weitläufiger **Boulevard** mit Galerien, Buchhandlungen und Kinos. Dazwischen liegen unzählige Bars und Cafés, in denen heiße Schokolade, feinstes Gebäck und Eiskreationen als besondere Spezialitäten angeboten werden. Dieser

Teil der Ramblas ist dennoch viel ruhiger als der ältere Teil. Hier findet man auch viele exklusive Geschäfte sowie zwei der bedeutendsten **Kunstgalerien** der Stadt, die Galeria Joan Prats mit Dauerausstellungen spanischer, aber auch ausländischer Künstler und die Galeria Ignacio de Lassaletta.

 Die besten Horchatabars (Erdmandelmilch) sind auf diesem Stück der Rambla Catalunya zu finden. Z. B. La Jijonenca, No. 35.

CASA LLÉO MORERA 14

Die Casa Lleó Morera wurde erst vor kurzem restauriert und ist seitdem als Tourismusbüro auch für die Öffentlichkeit zugänglich. Das Haus wurde 1903–05 von Lluis Domènech i Montaner, einem der bedeutendsten Architekten des Modernismus, erbaut. Es ist eines der vier Gebaude, das zu Barcelonas bekanntestem Häuserblock, der ,,**Manzana de la Discordia**", gehört. Der ,,Zankapfel" erhielt seinen Namen in Anlehnung an einen griechischen Mythos. Der Grund dafür ist die unterschiedliche Gestaltung der Casa Amatller, der Casa Batlló, der Casa Mulleras von Eric Sag-

Farbiges Jugendstilfenster der Casa Lléo Morera

nier und der Casa Lleó Morera, die wie für einen Schönheitswettbewerb nebeneinander präsentieren. Die **Fassade** der sechsstöckigen Casa Lleó Morera ist symmetrisch gestaltet und mit reichen Blumenreliefs geschmückt. Die **Balkone** tragen neben Skulpturen, die den Fortschritt symbolisieren, auch Figuren von mythologischen Tieren, geschaffen von der Hand des Bildhauers Eusebi Arnau. Durch das gekachelte Portal gelangt man in ein ungewöhnlich geformtes Treppenhaus. Die Hauptetage, die vorwiegend von der Familie Lleó Morera bewohnt wurde, ist äußerst elegant ausgestattet. Besonders sehenswert sind auch die zum Teil farbigen **Jugendstilfenster**.

 CASA AMATLLER 15

1898–1900 erbaute Josep Puig i Cadafalch, einer der bedeutendsten Kollegen von Antoni Gaudí, für die Familie Amatller die gleichnamige Casa.

Das Gebäude vereinigt Elemente der katalanischen Gotik mit denen des niederländischen Mittelalters. Puig i Cadafalch kombinierte diese beiden Stilrichtungen auf solche Art miteinander, daß dabei seine eigene Version des Jugendstils entstand.

Das auffallendste Kennzeichen des Bauwerks ist der von alten Traditionen geprägte **Treppengiebel** mit seiner leuchtend blauen Kachelung. Die **Fassade** selbst beeindruckt durch ihre Farbgebung und geometrische Gestaltung. Auch die Fenster sind besonders sehenswert, da sie mit kunstvollem Stuckwerk verziert sind. Durch eine imposante gotische Tür gelangt man in die kürzlich renovierte Eingangshalle, die vom spanischen Mudéjarstil beeinflußt ist.

Das **Gebäudeinnere** ist vor allem wegen seiner Herrschaftsetage und der Bibliothek mit ihren farbenprächtigen Glasfenstern und dem mit üppigen Figurenreliefs geschmückten Kamin beachtlich.

CASA BATTLÓ   16

1904 erhielt Antoni Gaudí vom Textilfabrikanten Josep Batlló den Auftrag, dessen Wohnhaus, erbaut 1877, umzugestalten. Der Künstler begnügte sich jedoch nicht mit einem bloßen Umbau, sondern schuf durch eine völlige Veränderung von Fassade, Terrasse und Flachdach eines seiner fantasievollsten Werke. Im Volksmund trägt das Bauwerk den Namen **„Haus der Gebeine"**, der auf die knochenähnlichen Säulen der Hauptfassade anspielt. Möglicherweise hat Gaudí sich hier von dem Märchen „Hänsel und Gretel" inspirieren lassen. Das schuppenartige **Dach** dagegen erinnert an die Legende vom hl. Georg und dem Drachen. Oberhalb der Hauptetage mit ihren kunstvoll verzierten Fenstern und der Säulenbalustrade ist die **Fassade** mit blauen und grünlichen Keramikstückchen verziert. Zusammen mit der gewellten Struktur der Balkone ähnelt sie so einer Wasserfläche. Das Haus ist um einen **Innenhof** mit einer schön geschwungenen Außentreppe herum erbaut. Die Kachelung des Innenhofes zeigt nach unten hin immer hellere Farbtöne, um so den geringeren Einfall des Tageslichts auszugleichen. Für die **Innenausstattung** der Casa Battló, besonders für die herrschaftlichen Wohnräume im ersten Stock, entwarf Gaudí eigens herrliche Möbel aus Holz sowie die fantasievoll gestalteten Türen, die Treppengeländer und den offenen Kamin.

Die Lichtreflexe auf dem Dach und der Fassade der Casa Battló entfalten ihre Wirkung in den frühen Morgenstunden.

FUNDACÍO ANTONI TÁPIES   17

Die Fundació Tápies hat ihren Sitz in dem prunkvollen ehemaligen Verlagshaus **Montaner i Simón.** Das modernistische Gebäude, das einen glasgedeckten Innenhof einschließt, wurde 1879 bis 1886 von dem Architekten Lluis Doménech i Montaner erbaut. Das höhere untere Stockwerk

Quílez, Rambla Catalunya 48. Einer der bestsortiertesten Colmados (Feinkostladen).

45

Das Paradies für alle Liebhaber modischer Boutiquen ist der Boulevard Rosa. Er hat vier Eingänge: Calle Aragón, Rambla Catalunya, Calle Valencia und Paseo de Grácia.

ist von Rundbogenfenstern geprägt, deren Scheiben durch kunstvoll geschmiedete Gitter geschützt sind. Schmale Halbsäulen unterteilen die im Mudéjar-Stil gehaltene Fassade. Über dem schlichten Portal befindet sich ein Balkon, darüber drei Büsten und die Statue eines Engels. Seit 1990 beherbergt die Casa Montaner i Simón die Stiftung Tápies, die dem Werk des 1923 geborenen katalanischen Malers und Bildhauers Antoni Tápies gewidmet ist. Das auffallendste und umstrittenste Werk des Künstlers ist zweifellos die aus 2,5 km Draht bestehte Skulptur „**Wolke und Stuhl**" auf dem Dach des Gebäudes. In den schön renovierten Räumen zeigt die Stiftung Werke aus allen Schaffensperioden von Tápies. Im Untergeschoß ist das von dem Maler Paul Klee und dem Surrealismus beeinflußte Frühwerk ausgestellt und im Erdgeschoß die großen Gemälde sowie die meist einfarbigen Strukturtafeln mit den typischen Kreuzzeichen aus den späteren Jahren. Daneben findet der Besucher **Terrakotta-Skulpturen** und Tápies' umfangreiche **Kunstbibliothek**.

 ## CASA MILÁ, „LA PEDRERA" 18

Verpassen Sie auf keinen Fall eine Besichtigung der Innenhöfe und der Dachterrasse. Tgl. um 10.00, 11.00, 12.00, 16.00 und 17.00 Uhr, Sa. 10.00, 11.00 und 12.00 Uhr.

Mauri, Rambla de Catalunya 102, Tel. 2158146. Eleganter Teesalon.

Auch die Casa Milá zählt zu den besonders wichtigen Werken des Architekten Antoni Gaudí. Sie wurde 1906–10 von ihm errichtet und 1912 von seinen Mitarbeitern endgültig fertiggestellt. Der Geschäftsmann Pere Milá i Campus hatte den Künstler beauftragt, einen mehrstöckigen **Mietsblock** in einer der besten Wohnlagen Barcelonas zu errichten. Die Anlage besteht aus zwei Baukörpern mit Eingängen am Paseo de Gracia und an der Calle de Provenza. Im Volksmund trägt die Casa Milá den Namen „La Pedrera" („Der Steinbruch"), den sie ihrer felsenähnlichen Fassade verdankt. Die horizontalen Linien der Balkone und des Daches sind symmetrisch gewellt und geben dem Bauwerk ein lebendiges Aussehen. Fenster- und Türöffnungen wirken wie Höhleneingänge. Am bemerkenswertesten ist jedoch das **Dach**, aus

Die Casa Milá ist ein Paradebeispiel für die Bauten von Gaudí

dessen gewellter Terrasse Schornsteine und Ent-
lüftungsrohre in den phantastischsten Formen
emporragen. Die Wohnungen sind großzügig ge-
schnitten und gruppieren sich um je einen ellipti-
schen und einen runden Innenhof. Durch ge-
wagte **Eisenkonstruktionen** konnte Gaudí auf
tragende Wände und Mauern verzichten, und so
hatte er bei der Gestaltung der einzelnen Stockwerke freie Hand. Ungleichmäßige Flure und
Gänge vermitteln dem Besucher den Eindruck,
sich in einem natürlichen Labyrinth zu befinden.

CASA LAS TERRADES, „LES PUNXES" 19

1903 erhielt der Architekt, Historiker und Politiker
Josep Puig i Cadafalch den Auftrag, den **Wohn-
block** „Las Terrades" zu bauen. Der Künstler zählte
zu den jüngsten der drei großen katalanischen
Baumeister des Modernismus.
Innerhalb von zwei Jahren errichtete er an diesem
exponierten Standort an der Avenida de la Diagonal einen mehrfach untergliederten, roten **Back-**

Die Diagonal
bietet Per-
spektiven, die
mit der Casa las
Terrades im Hin-
tergrund beson-
ders harmonisch
wirken.

47

Zwischen Paul Claris und Paseo de Grácia liegt auf der Calle Cósega die architektonisch herausragende Casa Comalat.

steinbau mit Arkadengängen, der mit seinen spitzen Dächern und Türmchen an eine neugotische Burg erinnert. Von Anfang an war das fantasievolle Gebäude bei der Bevölkerung äußerst beliebt, und so dauerte es nicht lange, bis es aufgrund dieser Spitzen den Namen „Les Punxes" („Die Stacheln") erhielt.
Die UNESCO setzte die Casa de les Punxes auf die Liste der schützenswerten Baudenkmäler.

PALAU MONTANER 20

An der Kreuzung der Straßen Carrer de Mallorca und Carrer Roger de Llúria liegen die Paläste der Familien Casades und Montaner einander gegenüber. Der Palau Montaner wurde 1893 von Lluis Domènech i Montaner erbaut, einem der drei großen Architekten des katalanischen Modernismus und Schöpfer des überragenden Palau de la Música. Auch der Palau Montaner trägt seine unverkennbare Handschrift und wurde richtungsweisend für die damaligen architektonischen Neuerungen. Die imposante **Fassade** ist mit kunstvollen Flachreliefs geschmückt. Die Wände zieren farbenfrohe Keramikgemälde. Die nur wenige Meter entfernte Casa Tomás in der Carrer de Mallorca Nr. 293 stammt ebenfalls vom gleichen Architekten.

MERCAT I ESGLÉSIA CONCEPCIÓ 21

Wie fast jedes Viertel in Barcelona hat auch der Eixample seinen eigenen kleinen Markt für frisches Obst und Gemüse. Ganz besonders attraktiv wird der Mercat Concepció aber erst durch die vielen farbenfrohen **Blumenstände** rings um das eigentliche Marktgebäude.
An dem kleinen Platz stehen weiterhin die Kirche und das Kloster Nuestra Señora de la Concepció,

die 1869 aus der Altstadt hierher verlegt wurden und heute zu den wenigen alten Gebäuden in diesem Viertel gehören. Kirche und Kloster stammen aus dem 14. und 15. Jh. Vor allem der romanische Kreuzgang lohnt eine Besichtigung, obwohl er 1936 im Spanischen Bürgerkrieg stark beschädigt wurde.

CASA CALVET 22

In den Jahren 1898–1900 erbaute Antoni Gaudí für den Textilfabrikanten Calvet dieses für seine Verhältnisse eher konventionelle vierstöckige **Wohnhaus** mit Geschäftsräumen im Untergeschoß. Für dieses Bauwerk, das sich nahtlos in den Stil des Stadtviertels einfügte, erhielt der Architekt dann sogar eine städtische Auszeichnung.

Auch wenn Gaudís architektonischer Stil als revolutionär galt, schaffte er es dennoch, mit seinen eher bizarr anmutenden Bauten den Geschmack der Barceloneser zu treffen. Ein Grund dafür mag seine Vorstellung von der gottgewollten Natur gewesen sein, die er in seinem Baustil umsetzen wollte.

Die vom katalanischen Barock geprägte **Fassade** der Casa Calvet aus Naturstein wird regelmäßig durchbrochen von tribünenartigen Balkonen mit den für Gaudí so typischen Gittern aus Schmiedeeisen. In der Mitte der Hauptetage befindet sich ein schmaler Erker, der reich verziert ist. Zwei geschweifte Giebel schließen die Fassade nach oben hin ab. Um einiges moderner wirkt jedoch die Rückseite des Gebäudes mit ihren säulengeschmückten Galerien und durchgehenden Tribünen.

Auch das **Innere** des Hauses ist sorgfältig ausgestattet. Vom Vestibül mit gewundenen Säulen führt nicht nur ein Treppenaufgang, sondern auch ein kunstvoll geschmiedeter Aufzug hinauf zu den Wohnräumen, deren auffallende Holzmöbel Gaudí eigens für die Casa Calvet entworfen hatte.

i Die Casa Calvet, Carrer Capse 53, kann mit Erlaubnis der Cátedra Gaudí, Av. de Pedralbes 7, Tel. 204 52 50, besichtigt werden.

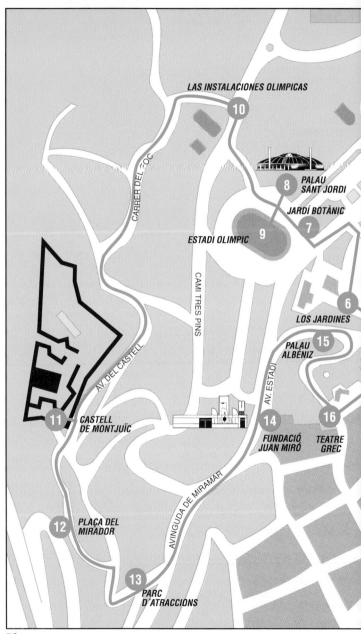

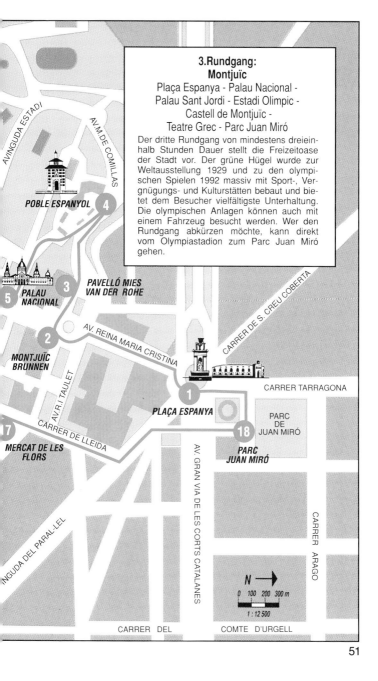

3.Rundgang:
Montjuïc
Plaça Espanya - Palau Nacional -
Palau Sant Jordi - Estadi Olimpic -
Castell de Montjuïc -
Teatre Grec - Parc Juan Miró

Der dritte Rundgang von mindestens dreieinhalb Stunden Dauer stellt die Freizeitoase
der Stadt vor. Der grüne Hügel wurde zur
Weltausstellung 1929 und zu den olympischen Spielen 1992 massiv mit Sport-, Ver-
gnügungs- und Kulturstätten bebaut und bietet dem Besucher vielfältigste Unterhaltung.
Die olympischen Anlagen können auch mit
einem Fahrzeug besucht werden. Wer den
Rundgang abkürzen möchte, kann direkt
vom Olympiastadion zum Parc Juan Miró
gehen.

AVINGUDA ESTADI

AV.M.DE COMILLAS

POBLE ESPANYOL 4

PAVELLÓ MIES VAN DER ROHE

5 3 **PALAU NACIONAL**

2

CARRER DE S. CREU COBERTA

AV. REINA MARIA CRISTINA

MONTJUÏC BRUNNEN

AV. R.I TAULET

1

CARRER TARRAGONA

PLAÇA ESPANYA

PARC DE JUAN MIRÓ

18

CARRER DE LLEIDA

7 **MERCAT DE LES FLORS**

PARC JUAN MIRÓ

AV. GRAN VIA DE LES CORTS CATALANES

CARRER ARAGO

INGUDA DEL PARAL-LEL

N →

0 100 200 300 m

1 : 12 500

CARRER DEL   COMTE D'URGELL

PLAÇA ESPANYA 1

Der Ausgangspunkt ist zu erreichen mit der Metro 1 und 3, Ausstieg bei der Station Espanya.

Stierkampfarena, Informationen unter Tel. 2234564, Hauptsaison von Mai bis Okt.

Der wichtigste Verkehrsknotenpunkt im westlichen Teil Barcelonas ist die kreisförmige Plaça Espanya, in die u.a. die Gran Vía Corts Catalanes, Carrer de la Creu Coberta, Avinguda del Parallel und die Calle de Tarragona münden. Der Platz wurde zusammen mit den Sport-, Kultur- und Messeanlagen der Weltausstellung 1929 angelegt.

An der Nordseite des Platzes liegt die Plaça de Toros Las Arenas, die ältere der beiden Stierkampfarenen der Stadt. Sie wurde 1899–1900 von dem Architekten August Font i Carreras unter Verwendung maurischer Stilelemente wie hufeisenförmiger Bögen und buntgemusterter Kacheln erbaut. Sie hat einen Durchmesser von 52 m und bietet 15 000 Zuschauern Platz. Da in Barcelona der Stierkampf jedoch nicht allzu beliebt ist, finden hier heute vorwiegend Zirkusvorstellungen statt.

In der Mitte der Plaça Espanya befindet sich eine monumentale neobarocke **Brunnenanlage** von

Die Plaça Espanya mit ihrer monumentalen Brunnenanlage

den Bauherren Josep Jujoe i Gibert und Miquel Blay i Fabreras mit dem Namen „España Ofrecida a Dios" („Das gottgeweihte Spanien"). An der Südseite des Platzes beginnt das ehemalige **Ausstellungsgelände,** an dessen Eingang sich zwei hohe Türme im Stil des italienischen Campanile erheben. Sie stammen von dem Architekten Ramón Raventós.

MONTJUÏC-BRUNNEN   2

Am Ende der Avinguda de la Reina María Cristina, die – gesäumt von den Palästen der Weltausstellung – von der Plaça Espanya bis zur Freitreppe vor dem Palau Nacional führt, steht eine gewaltige **Brunnenanlage,** die Font Mágica. Sie wurde im Stil des Art decó von dem katalanischen Ingenieur Carlos Buigas entworfen. Die imposanten **Wasserspiele** sind seit mehr als 60 Jahren für die Einheimischen ein ebenso großer Anziehungspunkt wie für die Touristen. Vor allem nachts, wenn sie beleuchtet werden, bietet sich vor der Kulisse des Palau Nacional ein farblich bestechendes Lichterspiel, das im Sommer musikalisch untermalt wird.

Lichtwasserspiele, im Sommer Do., Sa., So. 21–24 Uhr, im Winter Sa. und So. 20–23 Uhr.

Fotografieren Sie die Lichtwasserspiele von der Plaça Espanya aus, um die Laserstrahlen hinter dem Palau Nacional fotografisch einzufangen.

PAVELLÓ MIES VAN DER ROHE   3

Der flache Pavillon, der 1986 anläßlich des 100. Geburtstags des Aachener Architekten Ludwig Mies van der Rohe (1886–1969) wiederaufgebaut wurde, war 1929 der deutsche Beitrag zur Weltausstellung. Im Auftrag der Weimarer Republik entwarf der Bauhausarchitekt diesen Pavillon, der als ein Meisterwerk der Architektur des 20. Jhs. gilt. Das Bauwerk ist gekennzeichnet durch eine klare und zugleich strenge Linienführung. Offene und geschlossene Räume sowie Wasserbecken gehen fließend ineinander über. Glas, Stahl und polierter

Naturstein sind die vorwiegenden Materialien, aus denen der Bau besteht.

In dem kleinen **Innenhof** steht die Skulptur einer Tänzerin, ein Werk des deutschen Bildhauers Georg Kolbes. Zu dem Pavillon gehört auch ein kleines **Dokumentationszentrum,** das in enger Zusammenarbeit mit dem Mies-van-der-Rohe-Archiv des New Yorker Museum of Modern Art steht. U. a. ist hier der sogenannte „Barcelona-Stuhl" zu sehen, ein Sessel aus Chrom und Leder, den Mies van der Rohe extra für den Pavillon kreierte.

 POBLE ESPANYOL 4

🛈 Poble Espanyol, Informationen unter Tel. 3257866, Öffnungszeiten 9 Uhr bis zum Morgengrauen.

Ebenfalls im Rahmen der Weltausstellung entstand 1929 im westlichen Teil der Anlagen auf dem Montjuïc das „Spanische Dorf". Darunter versteht sich eine Art **Freilichtmuseum,** das 1926–29 von dem Architekten Francesco Folguera y Grassi entworfen wurde.

Bei dem Spanischen Dorf handelt es sich um die Darstellung der wichtigsten Gebäude Spaniens im Maßstab 1:2. An seiner Planung wirkten viele der bedeutendsten spanischen Künstler der 20er Jahre mit, so z. B. Maurice Utrillo, Reventós, Vicente und Nogues. Zu diesem Zweck hatten sie zuvor eine 18 000 km lange Rundreise durch das ganze Land unternommen. Man betritt das Dorf durch eine Nachbildung des Tores San Vicente in Àvila und gelangt dann in ein Gewirr von malerischen Gassen und Straßen, Patios und Plätzen. Man findet Gebäude aus jeder Region Spaniens, angefangen bei den weißgetünchten Häusern Andalusiens mit ihren Blumen, Fenstergittern und Innenhöfen über kastilische Adelspaläste und aragonesische Kirchen im Mudéjar-Stil bis hin zum galicischen Bauernhaus. Das Zentrum des Dorfes ist – wie überall in Spanien – die Plaça Maior, ein großer rechteckiger Platz, auf dem heute anspruchsvolle Konzerte stattfinden. In kunstgewerblichen Werkstätten werden typisch spanische Handarbeiten, wie die charakteristischen

Blick auf einen „Poble Espanyol"-Innenhof auf dem Montjuïc

Glasarbeiten Kataloniens, zum Verkauf angeboten. Im Lauf der Jahre haben sich neben vielen
Restaurants und Kneipen auch einige Museen
hier angesiedelt. Vor allem das **Weihnachtskrip-
penmuseum** (Museu de Belenes) und das
Museum für Gewerbe und Volkskunst sind äußerst sehenswert.

PALAU NACIONAL   5

Das auffallendste Gebäude auf dem ehemaligen
Messegelände ist sicherlich der Nationalpalast.
Er entstand als Hauptausstellungsraum und wurde von den Architekten Enric Gata, Pere Doménech und Pere Cendoya entworfen. Eine breite
Freitreppe führt zu dem gewaltigen Bau hinauf,
dessen Mittelteil von einer hohen Kuppel über-
wölbt wird. In diesem Bauwerk sind verschiedene
Elemente aus der architektonischen Tradition
Spaniens vereint, so erinnern die vier **Türme** bei-
spielsweise an die Giralda, das Wahrzeichen Se-
villas. Der Palast blieb im Gegensatz zu einem

Museu d'Art
de Cata-
lunya,
Tel. 2 23 18 24,
Öffnungszeiten
tgl. außer Mo.
9–14 Uhr.

Von der Eingangstreppe des Palau Nacional bietet sich ein wundervoller Panoramablick auf Barcelona.

Großteil der Ausstellungsgebäude, die wieder abgerissen wurden, erhalten. 1934 wurde das **Museu d'Art de Catalunya** in diesen Räumen aufgenommen, das bis dahin im Waffenarsenal im Parc de la Ciutadella untergebracht war. In den vergangenen Jahren wurde der Palau Nacional von der italienischen Architektin Gae Aulenti renoviert und etwas schlichter gestaltet. Die 36 Museumssäle werden nun vom Tageslicht erhellt. Der bedeutendste Teil des Museums ist die Abteilung mit **romanischer Wand- und Tafelmalerei** aus dem 10.–12. Jh., die größte der Welt zu diesem Thema. Hier findet man eine Vielzahl von Fresken, die aus Kirchen und Klöstern der Pyrenäen hergebracht wurden. Dazu zählen die Wandmalereien aus San Clemente, aus Santa María in Tahull und aus Sant Juan in Boí. Desweiteren gibt es eine Abteilung mit Werken der Gotik, der Renaissance sowie der Barockzeit. Im Obergeschoß ist ein interessantes Keramikmuseum zu besichtigen.

 LOS JARDINES 6

Museu Arqueològic, Tel. 2 23 21 49, tgl. außer Mo. 9.30–13 Uhr und 16–19 Uhr, So. 9.30–14 Uhr.

Ungewöhnliche Motive findet man bei ehemaligen Steinbrüchen, bei kleinen Seen und von Kletterpflanzen überwucherten Brücken.

Bereits am Ende des vergangenen Jahrhunderts wurde mit der Anlage von verschiedenen Gärten auf dem Montjuïc begonnen, da die zweite Weltausstellung Barcelonas ursprünglich für 1914 geplant war. Der Ausbruch des Ersten Weltkriegs war der Grund für die Verschiebung der Ausstellung auf das Jahr 1929.

Der französische Gartenarchitekt Jean Forestier übernahm 1914–22 zusammen mit dem Architekten Nicolau Rubió i Tudurí die Planung der gesamten Anlage. Die **Jardines Juan Maragall,** die äußerst reizvoll und romantisch gestaltet sind, bezaubern im Frühjahr durch ihre Tulpenfelder.

Doch auch die übrigen Gärten wie der **Parc Laribal** oder die **Miramar-Gärten** werden den Besucher nicht enttäuschen. Im Parc Laribal sind vor allem auch die fantasievollen Brunnen sehenswert, so z. B. der Font del Gat und der Font Trobada.

JARDI BOTANIC 7

Unter den vielen Gärten und Parks, die zum Gelände des Montjuïc gehören, befindet sich auch ein Botanischer Garten.

 Öffnungszeiten im Sommer tgl. 9–14 und 17–20 Uhr, im Winter 9–14 und 16–19 Uhr.

Nachdem ein Teil der Ausstellungsgebäude am Ende der Weltausstellung abgerissen wurde, legte man im Jahre 1929 diesen Garten an. Er erstreckt sich hinter dem Palau Nacional zwischen den Schwimmanlagen Bernat Picornell, dem Palau Sant Jordi und dem Olympiastadion. Auf seinem Gelände befanden sich vor langer Zeit einige Steinbrüche, so daß sich idealerweise einige Kleinklimazonen bildeten.
Die Bestände des Botanischen Gartens sind vorwiegend geographisch geordnet. Ein Besuch lohnt nicht nur wegen der interessanten Vielfalt der üppigen Pflanzenwelt, auch als Erholungsgebiet ist die Anlage sehr beliebt. Direkt neben dem Botanischen Garten liegt das **Botanische Institut,** das allerdings nur für Fachwissenschaftler geöffnet ist.

PALAU SANT JORDI 8

Für die Olympischen Spiele 1992 wurde eine Vielzahl von Sportstätten neu erbaut, darunter auch der hochmoderne Palau Sant Jordi, der neben dem ebenfalls neuen Schwimmstadion Bernat Picornell liegt. Dieser Sportpalast, der auch Palau Olímpic de Montjuïc genannt wird, wurde von dem japanischen Architekten Arata Isozaki entworfen und bietet insgesamt 17 000 Zuschauern Platz. Das auffallende Bauwerk hat die Form einer riesigen Auster. Die in 45 m Höhe spektakulär geschwungene **Dachkonstruktion** gewährt dem Tageslicht vollen Eintritt. Nur die edelsten Materialien wurden für die Konstruktion verwendet.
Während der Olympischen Spiele diente der Palau Sant Jordi u. a. als Austragungsort für die

Der Sportpalast Palau Sant Jordi auf dem Olympiagelände

Wettkämpfe im Hand- und Volleyball sowie für die Veranstaltungen im Kunstturnen der Männer und Frauen. Doch nicht nur sportliche Veranstaltungen werden hier in Zukunft stattfinden. Durch seine einmalige Bauweise und die hochmoderne technische Ausstattung bietet er auch die Möglichkeit, künstlerische und kulturelle Veranstaltungen aller Art in seinem Inneren durchzuführen.

 ESTADI OLÍMPIC 9

Das Olympiastadion existiert seit 1929 und wurde anläßlich der zweiten Weltausstellung Barcelonas von dem Architekten Pere Doménech i Roura errichtet. Von dem ursprünglichen Gebäude steht heute nur noch die historische ockergelbe **Fassade** mit dem großen **Portal** und dem schlanken **Turm.** Das **Innere** der Wettkampfstätte wurde nach den Plänen des italienischen Architekten Vittorio Gregotti und unter Mitwirkung seiner spanischen Kollegen Conea, Milá, Margarit und Buxadé vollständig umgestaltet. Der wichtigste Eingriff war dabei das Ausheben des Erdreichs im Stadioninneren und damit das Absenken des Sportfeldes, wodurch Sitzreihen für nun 70 000 Besucher geschaffen werden konnten. Auf diese Weise wurde das Olympiastadion eines der größten und modernsten Leichtathletikstadien der Welt. Bei den Olympischen Sommerspielen 1992 war es sowohl Schauplatz der Eröffnungs- und Abschlußzeremonien als auch Austragungsort sämtlicher Leichtathletikwettkämpfe und der Schlußentscheidung im Jagdspringen.

LAS INSTALACIONES OLIMPICAS 10

Anläßlich der Olympischen Sommerspiele 1992 wurden in Barcelona nicht nur die bereits vorhandenen Sportstätten überholt und ausgebaut, es entstand auch eine Vielzahl neuer Wettkampfanlagen. Innerhalb des Stadtgebietes plante das Organisationskomitee vier große Sportareale, die alle nur 5 km voneinander entfernt sind. Dazu gehören: der **„Diagonal"**, dessen Zentrum das Sta-

Reiterskulptur im Estadi Olímpic

59

dion Camp Nou des FC Barcelona – mit 120 000 Plätzen das zweitgrößte Fußballstadion der Welt – bildet, das **Vall' d'Hebron** mit dem Radstadion, der **Parc de Mar** mit dem Olympischen Dorf und den Regattaplätzen. Der wichtigste Bereich der olympischen Anlagen war zur Zeit der Spiele der „Olympische Ring". Die 30 791 m² umfassende Anlage auf dem Montjuïc war die Hauptaustragungsstätte der Spiele. Neben dem Olympiastadion und dem Palau Sant Jordi befinden sich hier noch das **Bernat-Picornell-Schwimmstadion** mit 10 000 Plätzen und der **INEFC-Pavillon,** mit dem Katalanischen Institut für körperliche Ertüchtigung. Der Pavillon wurde von dem spanischen Architekten Ricardo Bofill erbaut und war Austragungsort aller Ringkämpfe. In Zukunft wird er Sitz der „Sportuniversität" sein. Verbunden werden diese vier Gebäude durch die Avenida del Estadio und den Europaplatz. Am Olympischen Ring liegen außerdem fünf kleinere Sportanlagen sowie Nachrichtenzentren von Presse, Funk und Fernsehen. Ringsherum breitet sich der neuangelegte 54 ha große **Parc del Migdía** aus.

👁 CASTELL DE MONTJUÏC   11

Museu Militar, Tel. 2 41 22 08, Öffnungszeiten tgl. 10–14 und 16–19 Uhr, So. 10–19 Uhr.

170 m über der Stadt erhebt sich auf dem Montjuïc eine Festungsanlage, die 1640 unter Felipe IV. erbaut wurde. Während des Krieges zwischen dem König und Katalonien, dem sogenannten „Krieg der Erntearbeiter", errangen die Katalanen hier 1641 ihren größten Sieg. Die Aufständischen hatten sich auf der Burg verschanzt und besiegten Marqués de los Vélez, den General des Königs, mit seinen 15 000 Infanteristen und 4 000 Reitern. Zu Beginn des 18. Jhs. wurde die Burg von den bourbonischen Truppen zerstört. Der 1751–79 von dem Militäringenieur Juan Martín de Armeno in klassizistischem Stil neu errichtete, weitläufige Bau erhielt nun die Form eines fünfzackigen Sternes. Zusätzlich wurde er mit Gräben und einer Zugbrücke versehen. Aus dieser Zeit

Türme des Castell de Montjuïc

stammen auch die **Eckbastionen,** von denen man heute einen herrlichen Ausblick hat. Viele Jahre wurde das Kastell als Militärgefängnis benutzt, in dem unzählige Todesurteile vollstreckt wurden. Zu diesen Todesurteilen zählt auch das von Lluís Companys, dem letzten Präsidenten der Generalitat vor dem Franco-Regime. Seit 1960 befindet sich im Inneren der Burg das **Museu Militar.** In 15 Räumen, den ehemaligen Kasematten, werden Waffen und Ausrüstungsgegenstände aus aller Welt gezeigt sowie Modelle von Festungsanlagen, ferner Zinnsoldaten, Orden und Dokumente.

 Von den Festungswällen lassen sich schöne Aufnahmen der Nord-Süd-Perspektive von Barcelona machen. Ein Zoomobjektiv hilft den idealen Bildausschnitt zu finden.

PLAÇA DEL MIRADOR 12

An der Nordostflanke des Montjuïc liegt der bemerkenswerte Aussichtspunkt Plaça de Mirador, von dem aus sich ein hervorragender Blick über Stadt und Meer bietet. Er liegt ein ganzes Stück unterhalb des Parc de Atraccions und kann auch mit der **Schwebebahn** (Transbordador Aeri / Funicular Aéreo) erreicht werden. Der Einstieg am Hafen befindet sich an der Neuen Mole bei dem 96 m hohen, aus Stahlgitter konstruierten **Torre de San Sebastián.** Die Seilbahn überquert das gesamte Hafenbecken und macht an dem 158 m hohen **Torre de Jaime I.** einen kurzen Zwischenstop, um dann auf dem Montjuïc zu enden.

Der Mirador ist aber nicht nur wegen der herrlichen Aussicht einen Besuch wert. Interessant ist auch die ungewöhnliche Pflasterung des Platzes, deren Örnamente und Verzierungen aus Betonröhren, Flaschenhälsen und -böden, Transmissionsketten und vielen ähnlichen Materialien bestehen.

 PARC D'ATRACCIONS   **13**

ℹ Parc d'Atraccions,
Tel. 241 70 24,
Öffnungszeiten
Sommer 12–24,
Sa. bis 1 Uhr,
Winter 12–15 und
16–21 Uhr.

Barcelonas berühmter Vergnügungspark, der Parc d'Atraccions, erstreckt sich über den südöstlichen Teil der Anlagen auf dem Montjuïc. Hierbei handelt es sich nicht um eine jahreszeitlich bedingte Veranstaltung, sondern um einen Vergnügungspark, der das ganze Jahr über in Betrieb ist.

Bereits 1930 wurde der Parc d'Atraccions auf dem Montjuïc angelegt. Der 173 Meter hohe Hügel wurde mit dieser neuen spektakulären Einrichtung noch bewußter in das Stadtgebiet mit einbezogen.

Für das Vergnügen von jung und alt wird noch heute gesorgt: Der Park bietet ein **Riesenrad,** eine **Achterbahn,** verschiedene andere **Fahrgeschäfte** und eine **Varietébühne.** In der Nähe seiner Eingänge lädt eine Vielzahl von Restaurants zum Essen ein. Der Parc d'Atraccions ist aufgrund seiner typischen Jahrmarktsatmosphäre ein beliebtes Ausflugsziel für die Barceloneser mit ihren Familien.

Ganz in seiner Nähe liegen die herrlichen **Verdaguer-Gärten,** die mit ihren romantischen Anlagen und leuchtenden Blumen einen Ort der Ruhe und Erholung bilden. Gerade zu den abwechslungsreichen Attraktionen des Vergnügungsparks ist dies ein schöner Kontrast.

FUNDACIÓ JUAN MIRÓ 14

1972–74 erbaute der bedeutende katalanische Architekt Josep Lluís Sert die moderne Gebäudegruppe für die 1971 von seinem Freund, dem spanischen Maler Miró (1893–1983), selbst gegründete Stiftung. Doch nicht nur für seine eigenen Gemälde und Skulpturen wollte der 1893 in Barcelona geborene Künstler eine geeignete Ausstellungsstätte schaffen. Sein Ziel war es, eine Begegnungsstätte der zeitgenössischen Kunst zu realisieren.

Die große Sammlung von Werken aus allen Schaffensepochen Mirós zeigt den Künstler in all seinen Schattierungen: auf den Spuren der Kubisten und der Fauvisten ebenso wie als Objekt- und Fundstückmonteur in der Zeit um 1930, die als seine „Ermordung der Malerei" bekannt ist. Aus der folgenden „Dunklen Periode" sind Gemälde wie „Personen im brennenden Wald" (1931) und „Mann und Frau vor Kothaufen" (1935) zu sehen, die Visionen von Angst und Zerstörung, Tod und Entsetzen wiedergeben. In den 40er Jahren entstand dann u. a. die berühmte Skulptur des „Sonnenvogels" und später in seinem Studio auf Mallorca, malte Miró die großformatigen Ölbilder, wozu auch die Serie „Blau" zählt. Sie zeigen auf riesigen leuchtenden Farbflächen nur noch ein Minimum an Linien und Punkten. In weiteren Räumen sind Werke der Künstler Braque, Tápies, Chillida u. a. zu sehen. Auf der Südwestseite des Gebäudes befindet sich ein sehenswürdiger **Skulpturengarten.**

ℹ Fundació Juan Miró, Pl. Neptú, Tel. 329 19 08, Öffnungszeiten Di., Mi., Fr., Sa. 11–19 Uhr, So. 11–21.30, So. 10.30–14.30 Uhr.

📷 Das moderne Gebäude der Fundació Juan Miró von Sert ist ein Motiv, das wegen seiner Details mit dem Tele besonders gut zu fotografieren ist.

PALAU ALBÉNIZ 15

Auch dieser Pavillon entstand anläßlich der Weltausstellung auf dem Montjuïc und diente als königliche Residenz auf dem Ausstellungsgelände. Er liegt hinter dem Nationalpalast und ist um eini-

Museu Etnologic, Pabellón de la Rosaleda, exotische und spanische Abteilung, Tel. 2237364, Öffnungszeiten tgl. außer Mo. 9–20.30 Uhr, So. 9–14 Uhr, Mo. 10–20.30 Uhr.

ges kleiner als dieser, dafür aber auch wesentlich feiner gestaltet. In der Zeit der Unabhängigkeit Kataloniens 1931–39 wurde der Palacete, der „Kleine Palast", als Museum für Musik genutzt. 1970 wurde er von Grund auf renoviert und dient seitdem als Unterkunft für Gäste der Krone. Er liegt inmitten der **Gärten Juan Maragall,** bei deren Erweiterung von 1970 durch den großen surrealistischen Maler Salvador Dalí ein Gartenzaun geschaffen wurde, der unter der Woche die Öffentlichkeit aussperrt.

👁 TEATRE GREC · · · · · · · · · · · 16

 Die Form des Amphitheaters erfaßt man am besten im Weitwinkelbereich von der Steinmauer aus.

Die Weltausstellung von 1929 war auch Anlaß für die Errichtung des griechischen Theaters. Der katalanische Architekt Ramón Raventós erbaute es in einem aufgelassenen Steinbruch unmittelbar neben dem Rosengarten. Es hat die Form eines griechischen Amphitheaters und schließt wie das Theater in Epidaurus, das als Vorbild diente, mit einer Steinmauer ab. Seit den 80er Jahren ist es einer der Schauplätze des alljährlich stattfindenden **Kulturfestival Grec,** das von Ende Juni bis Ende August ein stets anspruchsvolles Programm mit nationalen und internationalen Stars aller Sparten bietet. Das Kulturfestival Grec verteilt sich auf mehrere Freilichtbühnen und verschiedene Konzertsäle in der ganzen Stadt. Somit werden Musik- und Theaterveranstaltungen für die Bewohner Barcelonas geboten, die auch in den Sommermonaten in der Stadt bleiben.

👁 MERCAT DE LES FLORS · · · · · 17

Direkt neben dem Archäologischen Museum mit seiner faszinierenden Übersicht über prähistorische und klassische Kultur der Balearen und Kataloniens befindet sich an der Carrer de Lleida das Gebäude des einstigen Blumenmarktes. Ursprünglich war es zur Zeit der Weltausstellung der Ausstellungspavillon der Landwirtschaft, doch wurde das Bauwerk nach dem Ende der Veranstaltung als Blumenmarkt genutzt. In den 80er Jahren wurde es dann in ein städtisches **Theater** umgewandelt, das in Erinnerung an den früheren Markt den Namen Mercat dels Flors trägt. Im Zuge des Theaterumbaus wurde die **Kuppel** von dem Künstler Miquel Barceló bemalt, und zwei große Theatersäle eingerichtet. Jetzt finden hier regelmäßig Vorstellungen internationaler Ensembles und bekannter Flamenco-Interpreten statt, aber auch katalanische Erfolgsgruppen wie La Fura dels Baus sind immer wieder zu Gast.

Mercat de les Flors, Auftritt intern. Ensembles, Lleida 59. Informationen unter Tel. 426 18 75.

Der Blumenmarkt bietet sich für Porträtfotos an, wobei Sie die Stände als Hintergrund beachten sollten.

PARC JUAN MIRÓ 18

Das Wort „Parc" bezeichnet in Barcelona nicht unbedingt eine größere Grünfläche, es kann auch ein interessant gestalteter Platz damit gemeint sein. Dies ist im besonderen der Fall bei dem „Parc Juan Miró", dessen große freie, aber gepflasterte Fläche nur am Rand von Bäumen umstanden ist. Trotz der fehlenden Begrünung ist der Erholungswert solcher Parks für die Bevölkerung Barcelonas jedoch nicht zu unterschätzen.
Bis vor etwa zehn Jahren befand sich an dieser Stelle noch ein riesiger Schlachthof – daher auch der andere Name des Platzes, „Parc de l'Escorxador". Da dieser aber zu unrentabel geworden war, wurde er kurzerhand abgerissen und der so geschaffene Freiraum den Bürgern als Ruhezentrum inmitten des Straßen- und Häusergewirrs zur Verfügung gestellt. Sehenswert ist der Platz vor allem wegen der gigantischen bunten **Plastik** „Dóna i Ocell" („Frau und Vogel"), die in einem seichten Wasserbecken aufgestellt ist. Sie wurde von Barcelonas großem Maler und Bildhauer Juan Miró geschaffen und war Anlaß für die Benennung des Platzes nach dem Künstler.

Hier findet man viel Platz für Sport und Spiel.

PARC GÜELL

Parc Güell, Carrer d'Olot, S/n. Erreichbar ist der Park mit der Metro 3, Haltestelle Lesseps. Von hier kann man ein Taxi nehmen oder zu Fuß gehen, wenn man längere Wege nicht scheut.

1900–14 entstand im Auftrag des Bankiers und Industriellen Eusebi Güell, des großen Förderers und Mäzens von Antoni Gaudí, im Nordwesten Barcelonas die herrliche Gartenstadt des Parc Güell. Von englischen Vorbildern angeregt, sollte auf diesem etwa 20 ha großen, abschüssigen Gelände eine Siedlung von 60 Villen entstehen, in der sich menschlicher Wohnraum und Natur harmonisch verbinden sollten. Leider wurden nur wenige Häuser vollendet, doch wirkt der Park mit seinen Viadukten, Mosaiken und Skulpturen trotzdem wie eine Märchenlandschaft. Das gesamte Gebiet ist von einer Mauer umgeben, die vielfarbige Medaillons mit dem Namen des Stifters zieren. Der **Haupteingang** wird von zwei Pavillons, dem Sitz der Verwaltung und des Pförtners, flankiert. Die beiden Natursteinhäuschen mit ihren bunten Dächern tragen Türmchen und Zinnen, die mit Bruchstückkeramik geschmückt sind. Von hier aus gelangt man über eine **Freitreppe** zu einer außergewöhnlichen **Markthalle.**

Skulptur an der Fassade der Kirche Sagrada Familia

SAGRADA FAMILIA

Die „Kirche der Heiligen Familie", deren Bau 1888 begonnen und schon ein Jahr später von Antoni Gaudí übernommen wurde, gilt als Hauptwerk des katalanischen Architekten und ist zugleich das Wahrzeichen der Stadt. Allein aus Spenden und Stiftungen finanziert, ist das fantastische modernistische Bauwerk nach dem Tod Gaudís 1926 unvollendet geblieben. Der Weiterbau, der seit 1952 wieder betrieben wird, ist umstritten, da nur teilweise Pläne vorhanden sind. Von den 18 geplanten, 115 m hohen durchbrochenen **Türmen,** die durch ihre Form außerhalb jeder architektonischen Tradition stehen sind mittlerweile acht vollendet. Ihre Funktion sollte es sein, Christus, die Muttergottes, die vier Evangelisten und die zwölf Apostel zu symbolisieren. Das **Kirchenschiff,** das in seinem Grundriß gotischen Vorbildern folgt, ist 110 m lang und soll eine Höhe von 45 m erreichen. Eine gigantische, 160 m hohe Hauptkuppel wird vielleicht eines Tages die Vierung der Kirche überwölben. Selbst die Wände sind heute erst zum Teil fertiggestellt. Aus der Zeit Gaudís stammen noch die Krypta, in der er selbst begraben liegt, die Apsis und das Ostportal, die „Weihnachtstür". Hoch über dem mittleren **Portal** der östlichen Fassade befindet sich die Skulpturengruppe der Geburt Christi, die mit einer Fülle an naturalistischen Darstellungen von Tieren, Pflanzen, Wolken u. v. a. umgeben ist. Die drei Portale selbst sind den christlichen Kardinaltugenden Glaube, Hoffnung und Liebe gewidmet. Die Ausarbeitung der **Westfassade** der Sagrada Familia wird derzeit von dem Architekten Josep María Subirachs mit Unterstützung seines Kollegen Jordi Bonnet geleitet. Im **Inneren** der Kirche befinden sich neben der meist verschlossenen Hauptkrypta unter dem Altar zwei Nebenkrypten, die u. a. ein Modell der Sagrada Familia und das Gaudí-Museum beherbergen. Gleich am Eingang kann sich der Besucher durch einen Film über die Baugeschichte der Kirche informieren.

Sagrada Familia, Pl. de la Sagrada Familia, tgl. 9–19 Uhr, So. geschl. Erreichbar ist die Sagrada Familia mit der Metro 5, Haltestelle Sagrada Familia.

Apotheken

Apotheken sind zu den normalen Geschäftszeiten, also 8.30–13.30 und 16.00–19.00 Uhr, geöffnet. Hinweise auf Notdienste finden sich auf Anschlägen in den Fenstern oder an den Türen der Geschäfte.

Ärztliche Hilfe

Wer sich vor Antritt der Reise bei seiner Krankenversicherung einen Auslandskrankenschein besorgt hat, kann diesen im Krankheitsfall beim „Department de Sanitat i Seguretat Social" in ein Gutscheinheft umtauschen.
Wo ein deutsch sprechender Arzt oder ein Krankenhaus mit Dolmetscher zu finden sind, erfährt man zu Hause bei ADAC, Tel. (0749) 89 22 22 22 oder bei den konsularischen Vertretungen. Als Krankenhäuser für akute Behandlung bieten sich das Klinische Krankenhaus am Carrer de Casa 143 und das Evangelische Krankenhaus am Carrer Alegre de Dalt 87 an.
Die „Clinica Dental Oro" an der Gran Via de les Corts Catalanes 631 ist von 9.00 bis 21.00 Uhr auf zahnärztliche Notfälle eingerichtet.

Auskunft

Die städtischen Informationsbüros des „Patronat Municipal de Turisme" bieten neben kostenlosen Stadtplänen Informationen zu allen Sehenswürdigkeiten der Stadt.
Estació Sants, Kolumbus-Denkmal, täglich 8.00–20.00 Uhr, Tel. 3 02 52 24.
Informationen zu Zielen außerhalb Barcelonas bekommt man in den Büros der Generalitat de Catalunya: Gran Via de les Corts Catalanes 658, Mo. bis Fr. 9.00–19.00 Uhr, Sa. 9.00–13.30 Uhr, Tel. 3 01 74 43.

Banken

Banken sind von Mo. bis Sa. 9.00–14.00 Uhr geöffnet. Mit der Eurocheque-Karte kann man sich an vielen Stellen der Stadt Tag und Nacht Bargeld besorgen. Einige dieser Automaten geben ihre Anweisungen nach Einführen der Karte in vier Sprachen. Geldwechsel ist auch unabhängig von den Banköffnungszeiten in vielen Wechselstuben, Kaufhäusern, Souvenirläden sowie in größeren Hotels möglich. In einigen Banken wollen die Angestellten beim Geldwechsel den Reisepaß sehen.

Camping

Katalonien verfügt über die weitaus meisten Campingplätze in ganz Spanien. Die Ausstattung der Plätze ist in drei Kategorien eingeteilt und allgemein sehr gut. Während der Saison sind die Stellplätze entlang der Küste meist ausgebucht, während im Landesinneren noch Plätze zu finden sind. Wildes Campen ist nicht gestattet. Auskunft kann man bei der Federació Catalana de Campings an der Via Laietana 59, Tel. 3 17 44 16, erhalten.

Einkaufen

Für Mode und Schmuck geht man durch den Carrer de la Boqueria und alle umliegenden Straßen, sowie über den Passeig de Grácia oder die Rambla de Catalunya.

Essen und Trinken

Als Vorspeisen werden meist Schinken oder Meerestiere serviert. Als erstes Hauptgericht sind Tortillas und Paella sowie der Cocido, eine Suppe aus Kichererbsen, Kartoffeln, Gemüse, Fleisch und Speck, sehr beliebt. Außerdem gibt es eine Vielzahl von Fischgerichten. Als Nachspeisen wird meist Käse oder ein Pudding namens Flan oder Turron aus Honig und Mandeln gereicht.
Für Selbstversorger sind die Gemüsemärkte erste Anlaufstellen. In ihrer Umgebung findet man meist auch alle anderen Geschäfte. Diese sind üblicherweise bis 20.00 Uhr, einige auch bis 22.00 Uhr geöffnet.
Inzwischen ist das Bier fast genauso

populär wie der Wein. Die einheimischen Biere sind durchaus genießbar. Ein kleines Bier heißt „caña". Es gibt auch eine Reihe hervorragender Wasser, mit und ohne Kohlensäure (sin gas oder con gas). Das Leitungswasser ist stark gechlort und daher nicht zum Trinken geeignet. Nur im Notfall empfiehlt sich daher die Benutzung der Trinkbrunnen in den Straßen.

Kino

Besonders beliebt bei der einheimischen Bevölkerung sind die großen Filmtheater am Passeig de Grácia und an der Plaça de Catalunya, vor allem während der Mittagsstunden. In der „Filmoteca Nacional" an der Traversera de Grácia 63 werden mehrere Filme täglich gezeigt, einige davon in Originalfassung. Über das Kino-Programm sollte man sich ansonsten in der „Guia del Ocio", einer Wochenzeitschrift, informieren. Auch Tageszeitungen führen Programmhinweise.

Konsulate

Die konsularische Vertretung der Bundesrepublik Deutschland hat ihren Sitz am Passeig de Grácia 111, Tel. (93) 2 18 47 50 oder 2 17 61 62. Die Republik Österreich ist am Carrer de Sardenya 492 unter Tel. 2 57 36 14 zu erreichen, und die Schweiz hat ihr Konsulat an der Gran Via Carles III 94, Tel. 3 30 92 11.

Notrufe

Bei Verkehrsunfällen ist die Polizei unter 092 zu erreichen. Eine Polizeistation mit Dolmetscherdienst findet man auf der Via Laietana 49, Tel. 3 02 63 25 und am Carrer Ample 23.
Ein deutschsprachiger Notrufdienst meldet sich unter (93) 2 00 88 00 und 2 00 88 44. Fundbüros sind unter der Rufnummer 3 01 39 23 im Rathaus zu erreichen.

Öffnungszeiten

Die meisten Geschäfte sind von 9.00–13.30 Uhr und 16.30–20.30 Uhr geöffnet. Da es keine Ladenschlußzeiten gibt, kann man auch nach 21.00 Uhr noch Lebensmittel einkaufen. Besonders in den Wohnvierteln von El Raval sind einige Geschäfte bis 21.00 Uhr geöffnet. Restaurants sind oft So. abends und Mo. geschl. Der Mo. ist auch für viele Museen der Ruhetag.

Post

Die Hauptpost liegt an der Plaça d'Antoni Lopez am Ende des Passeig de Colom. Sie ist im Sommer von 8.30–14.00 und 16.00–19.00 Uhr geöffnet, im Winter von 9.00–21.00 Uhr. Briefmarken kann man im Untergeschoß kaufen.

Telefonieren

Inzwischen kann man von fast jeder Telefonzelle aus auch ins Ausland anrufen. Dazu wählt man zunächst 07 und dann die Vorwahl des betreffenden Landes. Allerdings ist es weit billiger, von der Bundesrepublik und den benachbarten Staaten aus in Spanien anzurufen als umgekehrt. Wenn möglich, sollte man sich also anrufen lassen.

Toiletten

Überall in die Altstadt hat die Stadtverwaltung Toilettenhäuschen gebaut, die für wenige Peseten jedem zur Verfügung stehen. Auch in den Markthallen gibt es im allg. öffentliche Toiletten.

Trinkgeld

Mit der Vergabe von Trinkgeld kann man im großen und ganzen sparsam umgehen. Taxifahrer und Platzanweiser beim Stierkampf erwarten etwa 25 ptas. In Restaurants kann man bis zu zehn Prozent Trinkgeld geben. Wenn man zu großzügig ist, kann es sein, daß die Bedienung den Betrag nicht annimmt.

Die Kamera gehört dazu

Was wäre der schönste Stadtbummel, wenn Sie zu Hause die vielen Entdeckungen nicht noch einmal erleben könnten? Deshalb ist die Kamera so wichtig wie das Kleingeld für Bus oder Bahn! Dann gehören noch die richtigen Filme dazu. Einer kommt gleich in die Kamera, ein paar weitere brauchen Sie als Reserve.

Filmempfindlichkeit

Die Empfindlichkeit moderner Filme wird in ISO angegeben. Je höher diese Zahl, desto weniger Licht brauchen Sie für perfekte Aufnahmen. Für den Stadtbummel empfehlen wir Filme ISO 200/21°. Bei verhangenem Himmel sollten Sie besser einen 400er Film nehmen. Für farbige Papierbilder sind die Filme von Agfacolor XRG 200 oder Agfacolor XRG 400 genau richtig.

Die Stadt: viel mehr als nur Bauwerke

Wenn Sie nur die wichtigsten Gebäude einer Stadt im Bild einfangen wollen: Kaufen Sie sich Postkarten!
Die Stadt lebt erst von dem, was sich vor und in diesen Gebäuden tummelt, und zwar gerade in der Zeit, in der Sie daran vorbeigehen. Ihre höchst private Bilderserie sollte also eine Mischung aus Bauwerken, Detailaufnahmen, den Bürgern – und vor allen Dingen – ihrer Begleitung sein.

Architektur

Das Vertrackte an Gebäudeaufnahmen sind häufig die Verzerrungen, die sog. „stürzenden Linien". Mit der Kleinbildkamera können Sie dies nur vermeiden, wenn Sie die Kamera gerade halten. Wo möglich, mit dem Teleobjektiv aufnehmen!
Aber: Das Gebäude muß mindestens Dreiviertel des Suchers einnehmen, sonst wirkt das Bild hinterher langweilig. Sollte kein ausreichender Abstand gegeben sein, machen Sie eben aus der Not eine Tugend. Gehen Sie möglichst dicht an das Gebäude heran, und richten Sie die Kamera weit nach oben. Auf dem Bild sieht das dann so aus, als würde das Hochhaus oder der Kirchturm umstürzen. Ungewöhnliche Perspektiven sind die Würze der Fotosafari durch die Stadt! Bei Architekturaufnahmen blendet man so weit wie möglich ab, damit der Schärfebereich möglichst groß bleibt. Wenn Sie keinen hochempfindlichen Film haben, sollte die Kamera auf einem Stativ oder auf einer festen Unterlage stehen.

Detailaufnahmen und Oberflächenstrukturen

Die meisten sehenswerten Gebäude bergen eine große Anzahl von Details, die Sie sich nicht entgehen lassen sollten. Es gibt in jeder Stadt wunderschöne Wasserspeier, Stuck-Rosetten, Bleiglasfenster, Balkongitter, Haustüren und Pforten, Zunftschilder über Gewerbebetrieben oder Jugendstilfassaden. Wenn Sie gezielt nach solchen Motiven suchen, wird der Stadtbummel zu einem besonders intensiven Erlebnis.
Detailaufnahmen gelingen am besten, wenn das Licht von der Seite einfällt. Die Motive erscheinen sehr viel plastischer auf dem Bild, und die Unebenheiten des Materials kommen besser zur Geltung.

Es gibt kein schlechtes Wetter zum Fotografieren

Zugegeben: Bei strahlendem Sonnenschein macht der Stadtbummel am meisten Spaß. Sie sollten aber wissen, daß die Sonne von 8 bis 10 und ab 15 Uhr das ideale Fotografierlicht liefert. Mit Sonnenlicht im Rücken kommen die Farben am besten zur Geltung. Seiten- oder Schlaglicht geben dem Bild Atmosphäre, modellieren Landschaften und Gesichter, zaubern herrliche Reflexe. Gegenlicht bringt besonders interessante Effekte, aber dabei heißt es vorsichtig sein. Motive im Vordergrund müssen entweder durch einen Blitz aufgehellt werden, oder Sie belichten ein bis zwei Blendenstufen länger (vorsichtshalber eine Aufnahme mehr machen).
Daß man bei Regen nicht fotografieren kann, ist nur eine bequeme Ausrede.

Auf nassem Asphalt entstehen wunderschöne Lichtreflexe. Alle kräftigen Farben werden zart und harmonisch wiedergegeben, alle zarten Farben erscheinen pastellartig leicht. Das einzige, was nicht naß werden darf, ist Ihre Kamera, aber da hilft oft schon ein Regenschirm oder ein Hauseingang.

Das persönliche Erlebnis gehört dazu

Halten Sie alles fest, was lustig oder wichtig ist. Ja, stellen Sie sogar manche Szenen. Wenn Sie mit einer oder mehreren Personen unterwegs sind, ist das ganz einfach. Drücken Sie auf den Auslöser, wenn Ihre Begleitung nach dem Weg fragt, sich erschöpft zur Mittagspause niederläßt, etwas Besonderes im Schaufenster entdeckt oder auf dem Flohmarkt um ein Souvenir feilscht. Solche Bilder machen hinterher oft mehr Freude als das Foto eines weltberühmten Bauwerks.

Innenräume

Häufig ist es erlaubt, auch in Innenräumen zu blitzen. Bedenken Sie dann bitte die Reichweite Ihres Blitzlichts. Sonst hilfe nur eins: Die Kamera ruhigstellen und mit Selbst- oder Drahtauslöser fotografieren. Wenn sich im Moment der Aufnahme Menschen bewegen, gibt diese Art der Unschärfe dem Bild zusätzlichen Reiz.

Nachtaufnahmen

Die „Nachtaufnahme" beginnt schon mit der Dämmerung, sobald nämlich das Licht der Straßenlaternen und Leuchtreklamen dominiert. Auch hier gilt, daß die Kamera unbedingt ruhig stehen muß (Stativ, Selbstauslöser). Das Einfallen starker Lichtquellen direkt ins Objektiv sollten Sie durch Wechseln des Standorts vermeiden.
Bei tiefer Dunkelheit können Sie bis zu einer Minute belichten. Wenn in der Zeit ein Auto mit hellen Scheinwerfern auf die Kamera zufährt, halten Sie einfach so lange die Hand vors Objektiv, bis die Überblendgefahr behoben ist. Die roten Rücklichter brauchen Sie nicht zu fürchten. Sie erscheinen als eine faszinierende Doppelschlange auf dem Bild.
Am besten gelingen Nachtaufnahmen nach einem Regenguß, wenn sich das wirre Spiel von Lichtern und Farben in tausend Reflexen auf dem nassen Asphalt spiegelt.
Ein Blitzgerät erweitert die Fotomöglichkeiten ungemein. So haben Sie zumindest innerhalb der Reichweite des Blitzgerätes immer genügend Licht.